世界で活躍する人は、どんな戦略思考をしているのか？

経営共創基盤
取締役マネージングディレクター
塩野 誠＝著

真理は自由にする

はじめに

今の世界で最も価値があるものは「**アイディア**」です。

そのアイディアはお金を稼ぐためのビジネスのアイディアかもしれません。社会課題を解決するためのアイディアかもしれません。あなたがもし何かを成し遂げたいのであれば、アイディアを構想し実行することになります。

現代社会において、**世界の一部にはお金が余っています**。世界には貧困が存在する一方で富は偏っているのです。世界トップの資産運用会社の運用額は百兆円規模であり、まるで国家予算のようです。シリコンバレーのベンチャーキャピタルやＩＴ企業はまだサービスも始まっていないスタートアップ企業に数十億、数百億円の投資を行なっています。日本の民間企業も新規事業に投資を進め、政府も機構や交付金等を介して新規事業に投資を行なっています。こうしたお金はより良いビジネスアイディアやリターンの高い投資を求めて世界中に流れていきます。政府のような公的機関であれば効率的な社会保障といった政策のアイディアにお金を出したいものです。

言い換えると、**お金とは「知識を集約するための手段」である**とも言えます。

今はお金よりもアイディアに価値があります。アイディアを持った企業や人材は「普通のお金は要らない」と言い、「お金を投資してもらうだけでなく、高度な知識と人脈ネットワークも欲しい」と言います。アイディアを持つ者は溢れたお金に知識も加わった「スマートマネー」を選び、自分のアイディアを実現するためにより高度な知識へのアクセスを求めているのです。

アイディアを構想する側にも、アイディアに投資する側にも高度知識人材が必要とされているのです。こうした人材は不足しており、世界中で取り合いになっています。

クリエイティブな高度知識人材からすれば、**仕事の選択肢は無限に広がっており、自分の信念や「やりたいこと」で仕事を選ぶことができます。**先進国では報酬の高い金融業界でさえ、社会的課題の解決を行なうNGOや、魅力的な先端テクノロジー企業に人材を奪われています。私自身も企業を経営するなかで、正解のない問題に向き合い、社会的課題を解決していくためには、自分より優秀な人材を採用し続ける以外の方法はないと感じています。

こうした人材は英語ができるだけの「自称」グローバル人材や、日本の一流大学出身者、ＭＢＡ保有者、コンサル出身者ではありません。**その程度の人材では知識もスキルも足りない**のです。

本書ではお金よりもアイディアに価値がある世界で、高度知識人材の基盤となる考え方について見ていきたいと思います。

知識で武装した「動ける個人」になる

本書は非常に限られた読者を対象にしています。対象としない読者の方にご購入いただき、経済的にご迷惑をおかけしたり、レビューで星一つの評価をされる前にご説明と免責を行ないます。対象読者は、次の通りです。

> 日本のＧＤＰと雇用の３割のグローバルな競争をしているビジネスにおいて、そのまた数パーセント程度のトップクラスの高度知識人材として仕事をしたい人

「グローバル人材が必要だ」と言う声を聞きますが、我が国のＧＤＰの７割程度は特

定地域需要に限定されたサービス産業が占め、海外売上比率50％を超えるようなグローバル展開をしているメーカーは全体からみれば少数です。

つまりほとんどの人はローカルな仕事に従事しており、「グローバルな仕事」とは関係がありません。**一方で「グローバルな仕事」を選んだ場合、日本を含む世界中の優秀な人間すべてが競争相手となります。**外は戦場であり、オリンピックに出ているのにルールに文句を言っても仕方がありません。オリンピックのルールで勝つか、ルールを変えるくらいの力を持つかしか選択肢がないのです。

そうした環境を選ぶかどうかは単に個人の好き嫌いの問題であり個人の自由です。**誰もが「グローバル人材」になる必要はありません。**

また、こうした高度知識人材の仕事のスタイルとして、残業代や休日手当が支払われない専門的かつ成果型の労働環境に身を置くことになります。基本的には自由度の高い労働環境で働くと同時に、24時間365日、自己管理を行ないながら報酬に見合った付加価値を創り出すことが求められます。

高度知識人材の働く環境は同様のスキルを持った人間同士の「**アイディアの戦い**」です。有限な時間の中でどれだけアイディアを出せるかです。その環境は厳しいものかもしれませんが、仕事における人間のストレスは個人の裁量権に影響を受けており、裁量権のない嫌な仕事を9時から5時まで行なうのと、個人の裁量権のある自由度の高い仕事を長時間にわたって行なうのはどちらがストレスとなるかは一概には言えません。

そうした環境で平均以上の対価を望むのであれば、ムラ的な組織に守ってもらうよりも、「**知識で武装した動ける個人**」であることやトップクラスのジェネラリストであることが求められます。しかしながらこういう働き方をしたいかどうかは個人の自由です。働き方に人としての価値は何ら関係なく、単なる好き嫌いの問題です。

知識集約型産業において、研究者ではなくマネジメント側で仕事をしたい人

例えば大学や研究機関において競争力のある技術や研究があったとしても、それをビジネスやひいては産業にするためには、仕組みを創り出す構想力とマネジメント力が必要になります。

本書は知識集約型産業におけるビジネスのプロデューサや経営人材になりたい人を対象にしています。研究者は「この技術はアレにもコレにも使える」と言いますが、その段階ではキャッシュを生みません。ビジネスパーソンであれば様々な選択肢の中から稼げる事業へと研究を導き、マネジメントすることによって研究成果を社会の付加価値に還元し、そして金銭に還元する必要があります。

また、マネジメント人材という意味で、**組織や資本の力を用いることによってインパクトを出す**ため、フリーランスやノマドといった個人のマスに向けたブランディング、マーケティングに大きく依拠する仕事のスタイルは想定していません。実務能力が乏しい若いうちから個人としてのブランディングに大きく力を割くと、本当の仕事の質が落ちるからです。

本書では様々な分野、経済学、経営学、社会学等から知恵を借りてきますが、すべて高度知識人材としてビジネスの現場で活用可能かどうかを基準に援用を行ないます。

特定の企業の中だけで通用する知識やスキルではなく横移動が可能な汎用的な知識やスキルによって仕事をしたい人

ビジネスパーソンの知識やスキルには所属する会社でしか使えないようなものと、

論理的思考や法務、財務知識、そして教養といったどこででも汎用的に使えるものの大きく分けて二種類があります。**本書では会社や地域を移ったとしても、多様な環境において使える基本OSのような能力に焦点を当てます。**

教育学者のローレンス・ピーターは、会社のような階層的な組織において人々は昇進を重ねた上で、各自はそれぞれの無能レベルまで達する状況となり、すべての役職は職責を果たせない無能な人で占められる。そして実際に仕事を行なうのはその無能レベルに達していない人々であると唱えました。こうした環境に抵抗するためには、一生使える思考方法（ＯＳ）を基盤として一生学習し続ける以外にはありません。

トップクラスの仕事をしたい若い人、または若い人と同じくらい柔軟な人

ビジネスパーソンが伸びるかどうかは「**コーチャブルかどうか**」にかかっています。これは「素直さ」とも言えますが、コーチを受けて自分を成長させる意思があるかどうかです。

私はベンチャー企業への投資を行なっていますが、起業家の明暗を分けるのはここです。たいていのビジネスは高度な科学ではなく、「**お金が儲かるか、儲からないか**」

なので、この定義において個人が成功するかどうかの大部分は素直に知恵を吸収する意思があるかないかで決まります。本書では意思の部分は取り扱いません。**意思のない人に何を言っても時間の無駄だからです**。意思があった上で習慣をつくり、習慣が個性をつくることを目指します。**一流になりたい人だけが一流になります**。

また、年齢を重ねると通常は自分のいる環境に過剰適応してしまい、環境変化に適応しようとする意思がなくなります。今までの自分の構築したものを捨てる＝アンラーンすることは難しいものです。こうした人にも本書は役に立ちません。ほとんどのビジネスパーソンは論理的には何をやるべきか理解できていますが、「わかっちゃいるけど」と言いつつ何もやらずに時が過ぎていきます。

年齢は単なる数字ですが、一般論として若いほうが環境の変化に柔軟に適応し、物事を吸収できますので、本書の読者は比較的若い方、柔軟な方を想定しています。

ビジネス書をたくさん読んできたけど、どれも同じことが書いてあると思うのでそろそろ読むのをやめたい人
高度知識人材としてビジネスで価値を出していくための基礎として「何を」「どれくらい」知っておくべきか知りたい人

毎週のように著名な経営者や有名企業出身者が書いた本や、エリートを名乗る学歴や職歴の人が書いた本、「〜流の〜術」や「〜で学んだ仕事のできる人になる本」が発売されていますが、論理的思考や思考のフレームワークといった技術論については、既に目新しいものがなくなっています。また多くのフレームワークは学術的に研究されたものを簡易化し援用したものです。

筆者も大量のビジネス書を読んできました。こうしたビジネス書にはジレンマがあります。経験の浅い人が書くと「ホウレンソウが重要です」のような基礎的な話や「〜社では」や「海外では」、「外資系では」という「では」多用本となり、読者としては「〜社は優秀な人が多い環境で良かったですね」という結論になります。

一方で社会的に成功し実務を離れた「あがった人」が書くと成功バイアスによって客観性が失われた自分の成功物語になります。こうした本が好きな方は本書の想定読者ではありません。もちろん日経新聞の『私の履歴書』は非常にインサイトがあり面白いですが、**本書では特定の企業での方法論や個人の成功体験に依拠せずに、数パーセントのトップクラスの高度知識人材になるには、どの知識をどれくらい知っておくべきなのかに焦点を当てます。**

本書では、コーポレートガバナンスに関する知識から名刺交換のお作法まで、必要な知識を差別することなく記載しています。 どれも目的に向かって結果を残すために必要な知識だと考えているからです。世の中には自分が少し賢いと思って、人に礼儀を尽くせずに事を成すことができない人ばかりです。日本を代表するような経営者でも、あまり世の中に知られていませんが、若い頃は可愛がられることが上手な「ジジイ殺し」だった人は多いものです。プロフェッショナルとしての矜持を保ちつつ、可愛がられるべきです。本書は知識の見取り図なので必要なものは全部載せています。

ＭＢＡや戦略系コンサルティング会社に過度の恐れや期待を抱きたくない人

トップクラスの高度知識人材の仕事のレベル感から言えば、**ＭＢＡはスタート地点です。** ＭＢＡは職業訓練学校であり、ＭＢＡの良さは実務ではムラができる知識を体系的に学び、頭の中に目次ができること、そして人的ネットワークをつくれることです。海外のＭＢＡであれば各国から来た有望なビジネスパーソンと知り合えることが魅力でしょう。

一方でそれ以上でも以下でもありません。海外ＭＢＡに行った人が「ＭＢＡでショックを受けた、人生で一番苦労した」といった内容を話していることがありますが、お金を払って行った職業訓練学校が人生一番の苦労であれば社会的課題は何一つ解決できません。メジャーな戦略系コンサルティング会社からＭＢＡに行く場合は**「ＭＢＡ＝長期休暇」の認識が普通です。**本書ではＭＢＡ的網羅性に加えて、教養、法的論点まで踏み込みます。

戦略系コンサルティング会社に在籍して学べることはプロフェッショナリズムや論理性などありますが、こうした会社はＭ＆Ａや企業提携の実行に関わらない点や、契約書を読むことがないといった実務的に抜け落ちた点があります。また、クライアントの社内コンセンサス醸成のための、結論ありきコンサルティングではクライアントにＮＯを言えないという点があります。これは良い悪いの問題ではなく、戦略系コンサルティング会社の「機能」の話であり、それはこうした会社で働いている人間が一番よく知っている事実です。当然ながら**自分で金を張った実際のビジネスの現場では、どんな修羅場でも責任者が意思決定していくことが求められます。**また、戦略系コンサルティング会社から事業法人に転職して、いざ営業スタッフの前で営業戦略の話をすると「**お前が売ってから来い**」と言われることも多いものです。どれだけ本気で場数を踏んだかが、経営層になってからの人間の厚みを決めます。

コンサルティング会社は方法論や海外事例でマネジメントを語りますが、これらにはトレンドがあります。80年代に日本が勃興し、米国が停滞していた時代には、「強い日本企業に学ぶ〜論」がコンサルタントによって海外にもたらされていたわけで、**方法論は普遍的、万能なものではありません。**日本人の好きな経営学者のピーター・ドラッカーも日本の高度成長期の「日本では」という事例を多く海外に紹介しました。

リーダーになる覚悟がある人

何かを成すためにはリーダーであることが必須条件となります。例えば8人くらいの小さなチームのリーダーも、数万人規模の多国籍企業のリーダーも同じリーダーです。もしかしたら8人は各国首脳かもしれませんし、影響力はチームの人数で決まるわけではありません。

リーダーとなる人間は若い時や無名時代からトップのような意思決定者の目線で物事を考えているものです。ひ弱な傍観者は要りません。**リーダーはなろうと思ってなれるものではありませんが、リーダーが必ず持っているものは覚悟と想像力です。**

リーダーと呼ばれる人達には様々なスタイルがありますが、やはり誰もが偉大なコミュニケーターであり、傍観者ではなく、当事者として自分の立場を説明することができる、共感を呼ぶ存在であることが求められます。現在の日本企業はアリバイつくりの合議制により尖ったアイディアを潰すことが往々にしてあります。あなたがリーダーとなってアイディアを実現すべきです。

◆

本書を読む際の注意点ですが、本書を読んでもお金持ちになったり、日本で言うところの「エリート」になることを保証しません。

本書はグローバルかつ構想力が求められる競争環境において結果を出すために「動ける」ようになる技術を知るものであり、それは読者の方がお金持ちになったり、幸せになることとは全く無関係です。歴史上、富や力を持った人間が幸福になるとは限らなかったのと同様ですし、幸福度は個人の解釈の問題です。

あなたが日本において400万円の所得があれば、それは世界中で所得ランキングにおいて1%以内に入ります（「GLOBAL RICH LIST」より）。UNDP（国連開発計画）によれば地球上の12億人が1日1ドル未満、28億人が2ドル未満で暮らしています。そうした人々から見れば、あなたは想像を絶するお金持ちであり、高度な教育を受けたエリートでしょう。すべては相対感なのです。あなたが世界の最貧困層の1人としてではなく、日本のような先進国に生まれたのはただの運です。

また、筆者である私はお金持ちでも天才起業家でも学者でもないので、そういったことに関心がある方は有名人の自伝や論文をお読みください。**本書の目的は、筆者のような凡人の戦力化にあります。**人間の7割程度は能力に大きな差はありませんので、後は心構えの問題です。本書は凡人がトップクラスのジェネラリストになるために必要な技術を一生懸命にコツコツと努力することによって学ぶことを想定しています。

以上のことをご理解いただきつつ、本書を手に取っていただければ幸いです。

「何を」「どれだけ」知っておけばよいか

私は事業戦略の立案・実行を手掛けることができるビジネスパーソンを現場と研修

の両方を通して育てています。戦略の「実行」の中には新製品を創り出すことや、他社との提携の実務や交渉を行なうことなどが含まれています。

本書は若いビジネスパーソンに「**プロとして何をどれくらい知っておいたらよいですか？**」と質問されたときに「**最低限、これくらいは知っておいてください**」と渡すために書きました。対象読者が絞られたところで、ここからは私はメンターのつもりで、読者の方を「あなた」と呼んで話を進めます。

◆

ここで簡単に筆者の紹介をします。私は銀行、証券会社、戦略系コンサルティング会社、ベンチャーキャピタル、事業会社での職務経験を持ち、30歳を過ぎてから米国のロースクール（法学修士）に私費留学し、卒業しています。

ロースクールにはファイナンスやコーポレートガバナンスに関する経験を体系化するために行きました。また現在は所属する経営共創基盤（ＩＧＰＩ）の取締役を務め、同社の株式を持つパートナー（共同経営者）であり、シンガポールオフィスのＣＥＯ（最高経営責任者）としても現地のマネジメントを行なっています。

筆者は企業に対して事業戦略のアドバイスを行なっており、レポートを出して終わりというコンサルティングではなく、事業戦略の実行に必要であれば、自ら交渉に関わったり、企業トップ同士を引き合わせたり、事業提携をさせたりといったこともしています。

ＩＧＰＩでは再生医療や人工知能といった先端テクノロジー分野の企業から地方の外食や小売りまで、ベンチャー企業から海外政府機関まで幅広い分野とテーマでクライアントにアドバイスを行なっています。

また、企業に対しアドバイスするだけでなく、筆者の所属するＩＧＰＩでは自ら投資を行なって事業を成長させることもしています。例えばＩＧＰＩは現在、日本第3位の規模のバス会社を、東北を中心に東日本大震災前から経営しています。これは自己投資やプリンシパルインベストメント（ＰＩ）と呼ばれます。

筆者は日々の仕事の中で、例えば技術を持ったベンチャー企業とグローバルに販売チャネルを持った企業に事業提携してもらい、自社で投資したり、他の投資家を連れて来て事業を創るといったアイディアを考えて、実行しています。

そういうアイディアを考えることが楽しいので、筆者はそれを仕事にしていますが、アイディアを考えるには情報収集や分析が必要であり、その実行には他者との交渉や契約が必要となってきます。これはある種のプロデューサ業とも言えると思いますが、そんな仕事をしたい人や、既にしている人に本書を読んでもらいたいと思います。

筆者は社内外で研修を実施しています。研修の中では、ファイナンスや契約のようなハードスキル、そして論理的思考から心構えや礼儀作法に近いソフトスキルまで講義しており、それらは単なる「お勉強」ではなく、日々のビジネスの中で使ってもらっています。そうした中で気づくと推薦図書として紹介する本がかなりの量になってきており、紹介された側もなかなか消化しきれなくなっています。本書では様々な文献から引用を行なっていますが、とにかく通読していただき、必要な知識の全体像をつかんでもらいたいと思います。

不思議なのは世の中にこれだけビジネス書が溢れているのに、**なかなか「この人は仕事がすごくできる」というビジネスパーソンに出会わない**ことです。

世間では一流とされるような企業や役所でつくられた資料を見ても、何を言っているか全くわからなかったりします（理解されないことを狙っている可能性もありますが）。会社が大きいせいか、個人として仕事をする上での基礎ができていなかったりするものです。最後は大きな会社のカンバンに頼れると思っていれば、個人は努力しないものです。逆にカンバンやブランドがない個人は、自分しか頼るものがないので能力を磨くしかありません。これは小国が生き残りをかけて相対的にインテリジェンス（諜報）の比重が高くなるのと同様です。

筆者は今までに数冊のビジネス書を出していますが、文章をわかりやすく書くと、読者からは「こんなの知ってる」、「こんなのどこにでも書いてある」といった反応を受けることがありました。一方で私は数多くの企業とプロジェクトを行なってきましたが、資料作成も財務モデルの設計も、完璧にできる人に会うことは極めて稀です。日本を代表するような一流企業で幹部候補研修を行なう際に、私が説明しているときは「知ってる、知ってる、もっと高度なことを教えてほしい」と言っていた人でも、いざケーススタディとして、**「この会社の企業価値を算出してみてください」**と演習をすると、アサンプション（前提条件）やドライバー（売上、費用等に影響を与える変数）の設定もできなかったりします。

筆者はこうした状況を踏まえた上で、どこに行っても仕事ができるという、スキルのポータビリティを持ったビジネスパーソンを育てるために、自分が本当に必要だと思うことだけを本書にまとめています。

現在の日本は構想して実行するプロデューサが不足しています。例えば増加する海外からの観光客（インバウンド）を地方の観光地とつなげる人、ハードウエアベンチャー企業と既存の生産工場をつなげる人、大学にある技術とビジネスをつなげる人、こうした広いハードスキルとソフトスキルを持って動ける真の戦略家が不足しています。私はこうした戦略家がもっと増えればいいと思っています。

本書は**手っ取り早く儲かったり、出世したりする方法があるという幻想や、結果が何であれ努力が美しいといった観念を排除し、現実の結果に固執する**ことを是とします。本書ではビジネスの世界でトップクラスの戦略家として最低限、知っておくべき知識と姿勢をお伝えします。

「思考と知識のピラミッド」をつくれ

本書ではビジネス戦略家に必要な思考と知識について次のように考えています。その思考と知識は全体としてはピラミッド型の階層をなしています。

①一番下の基盤となる部分にはあなたの性格や心構えといった人間性があります。
②その上に考え方のＯＳとなる思考方法があり、
③その上に汎用的な知識である会計や法務といったハードスキルが載ります。

思考と知識のピラミッド

一番上にある業界知識といった日々更新される情報は、確立した思考方法とハードスキルがあってはじめて、正確に分析することが可能となり、打ち手を考えることができます。しかしながら、どんなにハードスキルを磨いても、その前提となる性格や心構えがなければプロフェッショナルとして持続的に付加価値を出すことはできません。特に齢を重ねてからは基盤となる人間性の重要性が増してきます。

本書ではこの思考と知識のピラミッド全体を概観していきます。

Contents

第2部 実践編

4 企業価値を評価する……193

第1部 心構え編

1 日本の存在する位置を正確に把握する

日本は世界で何位の国か知る

日本は世界で何位の国でしょうか？　もちろん何の指標において、という論点があります。例えば各国の経済力を表す指標として代表的なものにＧＤＰ（国内総生産）があります。あなたが企業の海外展開を考える際の目安としてＧＤＰは使えます。実務的には発展途上国や広大な土地を持つ国では都市部とそれ以外のＧＤＰに大きな差がありますので、都市別ＧＤＰを使ってターゲット市場を決定することもあります。

経済学の基本書である『マンキュー経済学』によれば、ＧＤＰとは「**所与の一定期間において、一国内で生産されるすべての最終的な財・サービスの市場価値**」となっています。わかりやすく言うと、国内で１年間に新しく生み出された商品やサービスの「金額の合計（フロー）」です。フローの対立概念はストック（貯蓄）です。「国内」の意味としては、国内で生産されたものであれば、生産者の国籍は関係ありません。一方で「国民」総所得であるＧＮＩは海外支店の所得などを含みます。

次に「新しく生み出された」とは、過去に生産された商品の取引を含みません。新しいものだけです。そして「すべて」には家庭菜園の野菜やボランティアでのサービスは入りません。値段がついて市場に出回っているものだけです。

ＧＤＰの金額と一緒に「成長率」が表示されていることも多いですが、それはＧＤＰの１年間の伸び率です。

世界銀行（THE WORLD BANK）によれば、２０１３年のＧＤＰ（名目）において**日本は世界第３位であり、金額ベースでは４兆９１９５億ドル（約５００兆円）**となっています。ＧＤＰの表記で名目と実質というものが出てきますが、通常は実質ＧＤＰを使います。名目は世の中で取引されている価格によって計算しており、実質はインフレーション、デフレーションといった物価変動を取り除いた値となっています。

ちなみに名目ＧＤＰと実質ＧＤＰを使った物価指数の一つであるＧＤＰデフレータによって、物価水準を求めることができます。

GDPデフレータ＝名目GDP／実質GDP×100

名目GDPと実質GDPがイコールであれば、GDPデフレータは100ですが、例えば150だった場合は、物価水準は50％の上昇といえます。

GDPのように**大きすぎる数字をざっくり覚えておくのは重要です**。日本のGDPは約500兆円と覚えておきましょう。これは1位の米国約1680兆円、2位の中国約924兆円に続くものです。また、2050年までに中国のGDPが米国を超えて世界一になると予測する人も一部います。中国は政治的には共産党支配の下、社会主義を取りつつ、経済的に市場経済化するという形態を選択しています。民主主義、人権問題の観点からは中国には多くのクリアすべき問題が残されているように見えますが、経済成長する国家の形自体が今までの民主主義と市場経済の枠組みと同じではない可能性があります。こうした国家の枠組みはビジネスにも影響を与える重要な要素です。

また、現在の世界のGDPに占める割合はざっくり**米国20％、中国11％、日本6％**です。大きな数字でもこんなふうに相対的な感覚を持っておくことが重要です。

ここで質問ですが、ヨーロッパのデンマークのGDPを日本の都道府県だとするとどこと同じになるでしょうか？　デンマークのGDPは約30兆円です。

答えは**神奈川県**です。日本の県でもヨーロッパの小国くらいの大きさはあるわけです。アジアだとタイのGDPで38兆円くらいです。私はアジア進出を考えている企業にアドバイスをする際に、タイのGDPで神奈川県より少し大きいくらいですから、最初から日本と同程度の売上を期待することはできません、それでも長期的に見て進出しますか、と聞くことにしています。

世界的な比較感では、**いかに日本の経済力がまだまだ大きいものかわかります。**日本は国内市場が比較的大きいため、企業側に海外に出てビジネスをしていこうという意識が低かったとも言えます。近隣の韓国のGDPは130兆円程度と日本の26％であり、海外に出なければいけないという意識があるのも理解できます。

参考までに、日本の財政を見た際に日本の政府債務残高、つまり国の借金をGDP比率で表すことがありますが、日本の政府債務残高は2014年で約1200兆円であり、GDP比率は約240％となり、先進国では突出した数字となっています。日本の政府債務残高は2010年に経済危機の起きたギリシャを超えています。

日本の債務残高に関する見解は諸説ありますが、今後のビジネス環境に大きな影響を与える潜在的要因であることは間違いありません。膨大な政府負債はついには日銀による国債の直接買い入れに発展し、史上例のない金融緩和が行なわれました。

日銀の国債直接買い入れは長期国債が政府の短期債務に移行することを意味し、長期的な金利上昇リスクは高まったと考えられます。日本では本来は互いに独立しているべき、金融政策と財務政策の一体化が進んでおり、日銀の国債直接買い入れは事実上の財政ファイナンスであることは否定できないと思います。日銀が市場合理性ではなく、政治的に国債の買い入れを続けるのであれば、将来的な政策転換や市場からの信任の喪失が急激な金利上昇を招く可能性は十分にあると私は考えます。２０１５年時点での金融緩和と政治の過度な株式市場への依存は将来的に資産バブルを形成する可能性があると考えています。

世界的投資家のジム・ロジャーズ氏は２０１４年の日経新聞のインタビューで日本経済の将来について次のように答えています。

「長期的にはかなり悲観的だ。債務が膨らみ、人口が減り、通貨の価値が落ちていく。大惨事ではないか。日本は世界で最も好きな国々の一つだ。でも、私が仮に20歳以下の日本人なら国を出ていくだろう」

ＧＤＰは国々の経済力を相対的に把握するには良い指標ですが、中国の省別ＧＤＰを合計したら国が発表している中国全体のＧＤＰを超えてしまったという話もあるように、その推計は信ぴょう性に欠ける場合もあります。実際に中国の李克強首相が中国の統計は信頼できないので、電力消費量、鉄道輸送量、銀行融資増加率を参考にすべきだと米国高官に述べたと、リーク情報を扱うウィキリークスで伝えられています。

『新・世界経済入門（西川 潤著）』によれば、１９８１年から２０００年の20年間に、世界のＧＤＰは12兆ドルから31兆ドルへと２・６倍に増え、２０００年から２０１１年の12年間にさらに約70兆ドルへと増えています。先進国は世界人口の15％を占めるだけですが、世界のＧＤＰの６割を有し、その９割強は米欧日の３地域の所得です。

そもそもＧＤＰというのはどういう数式なのかを見てみます。先述のようにＧＤＰは新しく生み出された商品やサービスの金額の総和ですが、端的にいうと、**国内で生産したものすべての合計**です。ＧＤＰには**「三面等価」の原則**があり、生産したものと、所得が増えたもの、使ったものの３つは、理論上はすべてイコールになります。

これは同じ金額をどこから見ているかという話であり、新たに生産されたものは家計、企業、政府のどれかに分配されていると考えられ、その分配されたものは、何らかの形で家計や企業から支出されていると考えられます。

国全体で見た生産と支出は同じ金額であり、言い換えると、国全体の商品やサービスの需要と供給は同じ金額になります。

総需要を分解すると次のようになります。

総需要＝消費＋投資＋政府支出＋輸出－輸入

これくらい知っておけば常識的には十分ですが、興味のある方は経済学の基本書である『マンキュー経済学』を読みましょう。

ここまでGDPの全体額を見て、日本は世界第3位の経済大国だという話をしてきましたが、これを一人当たりGDP（GDP Per Capita）で見てみると、だいぶ様子が変わってきます。一人当たりGDPは、GDPをその国の人口で割ったものです。なお、このように人数で割るというのは生産性を見るのに使える考え方です。企業の売上や利益を社員数で割ると、その企業の生産性が直感的にわかります。

では、**一人当たりGDPランキングでは日本は何位でしょうか？** 2013年の世界銀行のデータによれば、日本は24位となっており、金額では約380万円となっています。1位はルクセンブルクの1110万円であり、2位ノルウエイ、3位カタールル、4位マカオ（中国）、5位スイスと続きます。総額で1位だった米国は10位の530万円です。発展途上国の一人当たりGDPが日本のいつの時代にあたるかを見ると理解しやすいです。

GDPは各国の経済活動の規模感を理解するには有効な指標です。またGDPは各国の生活水準や社会の安定性を知る際の参考になります。GDPのデータは、日本のものならば内閣府、各国のデータは外務省の各国・地域情勢、世界銀行、IMFのWebサイト等で見ることができます。

一方でビジネス上のリサーチにおいては、GDPはあくまで初期的な参考値と考え、**経済活動をその国の産業や人口動態といった側面から分解していく**必要があります。

GDPに影響を与える人口動態に関しては、生産年齢人口が増加する期間である「人口ボーナス期」の継続性に着目することもあります。例えば東南アジア進出を日系企業が考えた際に、GDP順に攻めていこうというのは短絡的でしょう。先述のように都市別に分解する必要があるかもしれませんし、カントリーリスク（その国固有の政治・経済・社会的リスク）を多面的に検討する必要があります。各国の概観を掴むにはCIA（米国中央情報局）The World Factbookのサイトを読むといいでしょう。他には各国の民主化度について英国エコノミスト誌の運営するエコノミストインテリジェンスユニットが「Democracy Index」を発表しており参考になります。各国のＧＤＰも経年、つまり時系列で見ることでトレンドがわかりますが、将来に関する経済予測は世界銀行、ＩＭＦ、ＯＥＣＤ（経済協力開発機構）などが発表を行なっています。

各国の競争力を考える際には、スイスのビジネススクールであるＩＭＤ系調査機関が出している世界競争力ランキング（「IMD World Competitiveness Ranking」）が参考になります。ちなみにこの２０１４年のランキングでは日本は**21位**です。また教育も重要な指標です。世界の大学ランキングでは「The Times Higher Education World University Rankings」が有名です。このランキングでは２０１４−２０１５年において１位がカリフォルニア工科大学であり、日本では東京大学の**23位**が最高位です。

当然ですが、こうしたランキングには前提となる基準と計算式があり、どういった項目に重点を置くかで大きく順位が変わりますので、その確認が必要です。ただし、こうした基準を知ることは、世界のインテリ層がどんなふうに各国の力を見ているかという観点で参考になります。

[需要と供給]

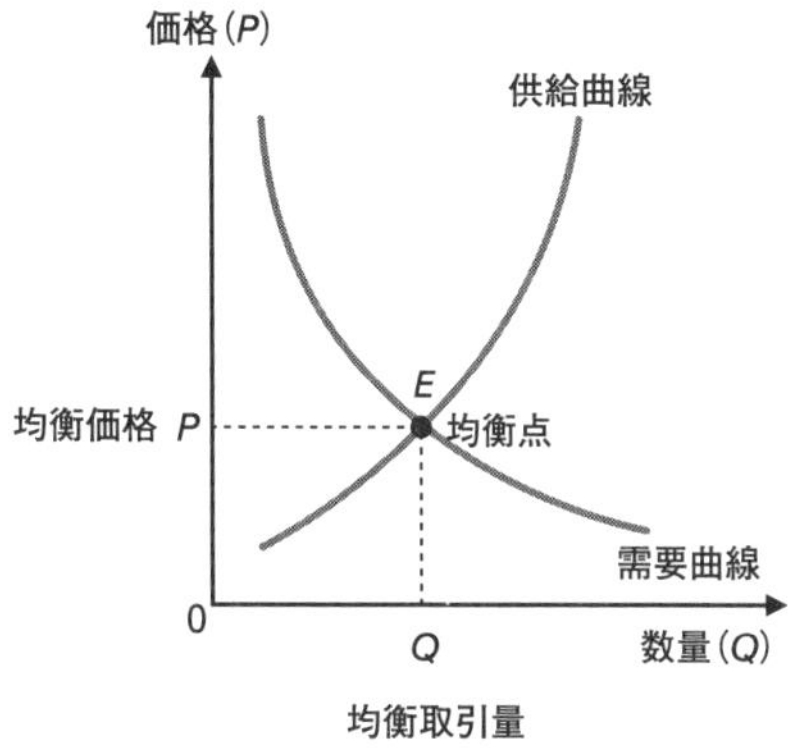

大きな政府vs小さな政府

先程のGDPの話の中で需要と供給という言葉がありましたが、古典派経済学では国全体の需要を決めるのは供給だと考えました。商品やサービスが供給され続ければ、必ず誰かが買ってくれるという発想です。なぜ買ってくれるのでしょうか？　古典派経済学では需要と供給のギャップを価格が解消するものと考え、商品が多くても価格が下がるのでいつか誰かが買ってくれると考えたのです。

しかしながら、これでは現代社会でよくある商品が売れないことや、売れ残ることを説明できません。ここで登場したのが英国のジョン・メイナード・ケインズ（John Maynard Keynes）によるケインズ経済学です。ケインズは1929年のウォール街の株価大暴落に端を発する不況を説明しようとしました。古典派経済学では商品価格の下落によって需要と供給がいつかは等しくなると考えられていましたが、ケインズは実際には価格はすぐには下がらず、生産量が調整されることによって労働者や工場が削減され不況が起こると説明しました。

ケインズ経済学では国全体の供給を決めるのは需要だと考えます。よって経済成長を持続させたい場合は、国は政策によって需要を拡大すべきだと考えます。その結果、政府は公共事業等によって積極的に需要拡大すべきと考え、こうした経済介入政策を積極的に行なう政府を「大きな政府」と呼ぶことがあります。

ケインズは市場に任せておいては先述の不況時のような大量の失業問題は解決することができないと考えました。ケインズは市場によって正常化ができない非自発的な失業について、政府が財政政策によって世の中に資金を供給すれば世の中全体の需要をつくり出し、企業はその資金によって労働者を雇うため完全雇用状態に近づくと考えたのです。

これに対して異論を唱えた経済学者がオーストリアのフリードリヒ・ハイエク

(Friedrich August von Hayek) と米国のミルトン・フリードマン (Milton Friedman) です。

ハイエクは個々の企業が世の中の経済活動全体について理解してはいないが、企業は知りうる情報の中で生産調整などを行なっているとし、市場全体としては個々の企業の行動が反映されていると考えました。こうした集合体として存在するのが自由市場であり、ハイエクは自由市場を守らなければならないと考え、政府が積極的に政策介入することなく、この自由を保障すべきだと主張しました。

自由主義を唱えたシカゴ学派のフリードマンも政府の介入に反対しました。ハイエクとフリードマンの違いはハイエクが人間を非合理的な存在としたのに対し、フリードマンは人間を合理的な存在と捉えたところです。

ケインズの「大きな政府」に対しハイエクやフリードマンは「小さな政府」を主張しました。「小さな政府」は政府の介入を極力減らし、民間でできることは民間に任せ、政府は規制緩和を進めて市場原理に経済を任せるべきであるという立場を指します。

この小さな政府対大きな政府の議論は、現在のビジネスの規制の是非についてもよく出てくる話です。基本的には政府は市場原理に経済を任せるべきですが、2008年のサブプライムローン問題に端を発するリーマンショックのように、市場は暴走したり失敗したりするので、市場の失敗には政府が介入して調整を行なうべきだという考え方が現在は一般的です。

現在の日本においては政府が成長戦略を実行するにあたってどこまで関与すべきか、という問いがあります。例えば、政府は民間企業に投資を行ない成長を促進するために助成金を設定したり、投資を行なうための政府機構（官製ファンド）を設立していますが、それが民業の圧迫にならないのか、という問題です。

政府による公共投資によって民間投資を阻害してしまうことを**クラウディングアウト**と言います。クラウディングアウトは政府が財政政策によって公共投資を行なう際に、政府による資金調達（国債発行）を行なうことによって市中のお金が吸い上げられて金利上昇が起こり、民間投資を抑圧することで起こります。

現代においてケインズ派と自由主義派との議論の論点は、ケインズ派は政府による量的緩和と財政出動によって総需要を拡大させるべきだと考え、自由主義派は、政府は規制緩和と減税を行ない、あとは市場に任せるべきだという点に帰結しています。

ここまでに出てきた経済学者についてまとめますと、ケインズは『雇用・利子および貨幣の一般理論』（または一般理論と呼びます）を書き、失業問題において人を雇用する力である「**有効需要**」こそが論点だとしました。これは古典経済学の概念を覆すもので、古典経済学では失業問題は「人々が自分で働かないことを選択している」と考えたのに対し、ケインズは人々の給料とモノの価格の変化の速度の差に注目し、不景気になるとモノは売れずに価格は下がるが、給料が下落する速度はそれより遅いので、企業からすると賃金（労働者の給料）は高いと感じ、人々を雇わなくなってしまう、すると労働者は失業し、企業の生産量は下落していくと考えました。ケインズはここが政府の出番であり、政府が財政政策によって公共投資を行なうか、金融政策で貨幣供給を増やすことによって金利を下げて有効需要を増やすべきだと考えました。

ハイエクは著書『隷属への道』の中で、政府による計画経済はナチスのような全体主義やスターリン的共産主義に行き着く「隷属への道」であると批判し、政府は経済に介入すべきではなく個人の自由を守るべきであると主張しました。こうした主張によりハイエクは政治思想の文脈ではリバタリアンだとされていますが、ハイエクの唱える自由とは消極的自由であり、自主的秩序から発生した慣習による法律によってその消極的自由は守られるべきだと考えました。

フリードマンは『資本主義と自由』において自由社会における政府の役割について、法と秩序を維持する、財産権を明確に定めるといった政府の役割を挙げ、「筋の通った自由主義者は、けっして無政府主義者ではない」としながらも、政府の役割には、はっきりと制限を設けるべきだとしています。フリードマンは2006年に亡くなりましたが、リチャード・ニクソンやロナルド・レーガンという米国大統領のアドバイザーにも就き、1980年代の米国や英国の政府の政策に影響を与えた人物です。

ケインズ、ハイエク、フリードマンといった現在の政策にも影響を与える経済学者の考え方を見てきました。どの理論も当時の経済状況のメカニズムを説明するためのものであり、どのように経済状況を見てどのようなロジックで説明しているかを理解することによってあなたなりの考え方を持つことができます。

英語を使わないという選択肢はない

地球上のどんな場所でも付加価値を提供し、それに対する対価を享受しようとするグローバル企業は地球上のすべての競合他社に勝っていくことが求められます。

そうしたグローバル企業の参謀や戦略家になることをあなたが決めたのであれば、**ビジネス上で英語を使わないという選択肢はありません。**英語が必要か否かを問うのは時間の無駄です。

また、世界中を見ても**日本は英語の価値が高い国です。**少し英語ができるだけで年収が上がるのは日本ならではです。人々が複数言語を操るヨーロッパなどでは考えにくいことでしょう。有名な話ですが、TOEICの平均点において日本は48国中40位です。私も英語が嫌いではなかったことが、これまでのキャリアの選択において一番助けられたことだと思っています。

最も複数言語が話せることを求められそうな国連のような国際機関でさえ、仏語圏のオフィスを除けばほとんどの業務は英語で行なわれています。ドイツのベルリンのあるスマートフォンのゲーム制作会社は44カ国の国籍の人々が働き、半数以上がドイツ人ではないそうですが、社内公用語はやはり英語とのことです。

英語力は、「交渉」ができるレベルが必要です。どれくらい必要かといえば、「THE WALL STREET JOURNAL」、「FINANCIAL TIMES」、「Bloomberg Businessweek」を読んで理解できるレベルです。

ビジネスにおける英語はただのコミュニケーションの道具であり、英語圏以外の人にとっての第二外国語です。アジアでビジネスをしていても皆、母国語でないそれぞれのクセのある英語を話すのが普通ですので、文法が正確でない、発音が上手い下手というような話は全く意味がありません。世界を飛び回るジェットセッターのためのメディアであるMONOCLEのインターネットラジオや、BBCを聞くと色んなアクセントの英語があることがわかります。

英語では臆さず自信を持って主張することに意味があります。謙虚や謙遜は日本人の美徳ですが、**英語を話す時は別人格を演じる**くらいの気持ちでストレートに堂々と話したほうが話せるものです。ビジネスシーンで英語での表現力に自信がなければ、できるだけ短い言葉でストレートに自分の意見・立場を話したほうが通じます。

現在の米国の大学や大学院ではインド人と中国人学生の比率が多くなっています。私も米国の大学院で、初めて海外に出たという中国人学生が自信を持って英語を話すので、そのうちにどんどん英語が上手くなっていくのを見ました。一方で日本からの留学生は英語での議論の最中に黙っていることが多いものです。そういった人は残念ながら日本の有名大学出身者や官僚に多いのですが、**完璧に話せないと恥ずかしいという意識が英語上達の最大の敵です。**

また英語を学ぶための英語ではなく、**何の仕事にどう使うのかという目的意識を持って道具として英語を使いましょう。**コミュニケーションの手段なので仕事に使う単語や表現を覚えます。語学上達で最も有用なのは自分に関係する表現を覚えることです。仕事でよく使うフレーズは丸覚え以外の道はありません。言葉を話し始めた子どもが親の会話を真似するのと全く同じです。英語で緻密な交渉をしている自分をイメージしながら隙間時間でコツコツ学びましょう。

また、情報収集をする際に、**日本語だけでなく英語で検索すると新しい発見があります。**自分の仕事に使う英単語は決まったものですし、そんなに多くありませんので全部覚えるべきです

外国語はある程度できる人でも使っていないとどんどん衰えていきます。毎日の仕事で英語を使わなくても、英語力を向上、または維持するためには、**毎日英語に触れる習慣をつくる**ことが必要です。自分の仕事に関係する英語のＷｅｂサイトを毎日必ず1トピックは読むことや、ポッドキャスティングでTHE WALL STREET JOURNAL関連、ＣＮＮ、ＢＢＣを毎日聞くこともいいでしょう。何といっても無料ですし、移動時間を「聞くこと」に使えば、満員電車でも時間を有効に使えます。家のテレビでＣＮＮやＢＢＣを常に流しておけば海外ニュースにもついていけます。フランス人で欧州中央銀行総裁だったジャンクロード・トリシエ氏も総裁の時にｉＰｏｄをいつも携帯しドイツ語を学んで演説できるようにしたそうです。こんな人でさえ地味な語学勉強をしているのですから、あなたも地味に続けましょう。

海外を見ているマネジャーのほうが高給に

例えば日本を本社とするグローバル企業において、日本の一部の地域を担当しているマネージャーより、海外で数カ国を見ているマネージャーの給与が高くなるのは当たり前です。そのマネジメント力に対する報酬が異なるからです。

「うちは日本人男性社員しか幹部になれないんですよ」というカルチャーを守る企業もあるでしょう。それはそれでカルチャーを守れば良いと思いますが、グローバルでの競争力の観点からすると、優秀な外国人も、優秀な女性も採用できない企業は必ず競争力が低下していくと考えられます。世界のトップ5％の人材についてグローバル企業は常に争奪戦を繰り広げており、**世界中から才能を集めてこなければ生き残ることはできません。**また、世界の人口の半数は女性です。

グローバル企業を標榜する日本企業の現在の挑戦は、日本以外で雇用した社員を育成し、どうやってその中から本社役員を出すかという点になっています。私はこれまで事業会社での海外事業やクライアントの海外事業に携わってきましたが、ここでは現地の高度知識人材を採用しているＩＧＰＩの例について述べさせていただきます。

私がＩＧＰＩのシンガポールでオフィスを立ち上げた際には、当初、現地採用で日本語のできるスタッフを採用しようと考えました。しかしながら、日本語を採用条件にすると、まずそうした人の数は少なく、その中でまた優秀な人となると本当に少なく、また、いたとしても非常に給与が高くなってしまうことをすぐに認識しました。

私はシンガポールオフィスでの収益責任を持っているので、とにかくコストをかけずに小さく進出することを考えており、最初から高い人材を採るつもりはありませんでした。そこで日本語ができることを採用条件から外したところ、英語の他に数カ国のアジア言語が使える優秀な人材を採用することができました。採用方針は日本語ができなくても「自分より優秀な人材を採る」です。

こうしたスタッフはアジア各国からシンガポールに来ており、ＭＢＡや会計士資格などを持つ高度な職業教育を受けた人材です。そうした人材に会って、私は今、20代でなくて本当に良かったと思いました。経済成長する国の出身で英語、中国語を話し、ＭＢＡや会計士資格を持つようなハングリーな20代と競争するのは大変です。

そうした人材がシンガポールで無名の会社になぜ入社するのでしょうか。「立ち上げたばかりのスタートアップであれば、自由度も高いし、自分でオフィスをつくっていけるから」と言うのです。

海外拠点をつくったけれどもうまくいかない日本企業というのは、日本人のグループをそのままミニ東京オフィスのような形で海外に持ってきている場合が多いので、私はその真逆を行くようにしました。シンガポールオフィスでの使用言語は英語にして、日本語はできなくても良いので、アジア各国からハングリーで優秀な人材を採用したのです。

海外のショッピングモールで目にする日本のブランドに無印良品（良品計画）がありますが、同社会長の松井忠三氏によれば、無印良品は海外勤務経験のない課長クラスを海外に送り込んで、一から店舗をつくっていったそうです。その後は課長全員を海外研修に出しており、その研修計画も社員一人一人が自分でゼロからつくるそうです。海外進出では、**なるべくコストをかけずに、とりあえず小さく進出してみて修正を繰り返して商売をつくっていく**ことも選択肢の一つです。

私はシンガポールで日系企業や多国籍企業に対して、東南アジアでの経営支援を行なっています。シンガポールオフィスの人材はとにかく多様性を重視し、アジア各国の言語をカバーできることを目指しました。もちろん多様性というものは最初のうちはとてもコストがかかります。文化や習慣もそうですし、言葉の定義も違うかもしれません。でも国が変われば全然違うのが当然です。そうすると会社として、チームとして「音合わせ」のような時間が必要になります。

私は現地の日本人責任者（ＣＯＯ）に最初は収益にこだわらずに、とにかく多様性とチーム作りに集中してほしいとお願いしました。具体的にはチームでとにかく何でも話し、誰かが何かを不満に思っているような状況を避けるようにしました。チームメンバー間の互いの尊敬がないとコミュニケーションコストが上がります。チームメンバーの「信頼」があれば余計なコミュニケーションコストを減らせます。

また、あなたが海外において高学歴の専門性の高い人材ばかりと仕事ができるとは限りません。従業員がとにかく楽して報酬だけを要求するような場合もあるでしょうし、店舗で日本式に「お辞儀」をさせるだけでも、「そんな必要はない」や「それは自分の仕事ではない」と言われることもあるでしょう。

発展途上国において人々が企業の長期的なビジョンや方針といったものに目もくれず、得しそうなことに飛びついてしまったり、嘘をついてしまうのは、そもそも政府や制度が不安定なので、長期的な社会システムを信じる土壌がないという理由があります。国によっては社会に通底する考え方として血縁、地縁しか信じず、あとは仮想敵というところもあります。**ここでは日本のビジネスにおける信頼関係や「当然わか**

ってるよね」といったコミュニケーションは通じません。言語化、明文化、ルール化、そして明示的なインセンティブが必要となります。

そんな時でも個々の従業員のインセンティブがどこにあるのかを見極め、細かい報酬設計を行ない従業員間の競争環境をつくり出してみたり、働かず要求ばかりする集団の中でも、士気が高い人材をすくい上げてマネージャーに抜擢したりと日々の改善を行なっていきます。端的に言えば、「Aを達成したらBをあげよう」といった細かい信賞必罰設計や、見込がありそうな人材のマネジメント側への懐柔が現実的な打ち手となります。

多様化は身の回りから

企業が日本から出て各国で競争するのであれば、各国のスタッフの力を借りるのが当然です。ＩＧＰＩにも出資しているシンガポールの政府系ファンド「テマセク」は外国人のプロフェッショナルも雇用しています。日本の政府系機構はどうでしょうか？　国益や機密保持の問題がありますが、それはシンガポールのテマセクも同様ですし、日本の省庁は外資系コンサルティング会社に多くの調査業務を委託しています。

日本の政府系ファンドを外国人プロフェッショナルが運用するのも普通になるかもしれません。リターンは数字として目に見えるので国益に寄与したか否かの判断は容易です。

海外でプラント建設などを手掛ける企業では、そもそも現場の日本人が少数派かもしれません。プラント建設で1000人の現地スタッフをまとめる日本人エンジニアは数名ということもあるでしょう。そこまでの状況であれば必要なのは異質なものへの寛容性と楽観性です。

あなたがそうした状況にはないかもしれませんが、**あなたの身の回りからできるだけ多様化すべき**です。日本は諸外国に比較すれば均質性の高い社会を形成していますので、日本企業がグローバルに業務を行ないたいのであれば、**日本人同士だけで思考する自己満足の罠を避け、意識的に多様化すべき**です。

日本企業の最終目標は日本人男性が多数を占める取締役会の多様化です。組織の意思決定機関には多様な思想があるべきです。均質性が求められそうな米軍のエリート部隊である海兵隊でさえ、その7割を軍の士官学校からではなく一般大学から採用しており、多様なバックグラウンドを重視しています。

多様性がなぜ重要かといえば、たとえ多数の信奉する方向性が正しいとしても、多様な意見が交わされる余地を残しておかないと、正しいとされる意見へのチェック機能が働かなくなってしまうからです。多くの組織の失敗、例えば企業不祥事は全員一方向の空気から生まれるものです。こうした状況の解説としては山本七平の『「空気」の研究』が多くを語っています。

また、19世紀に哲学者であり経済学者であったジョン・スチュアート・ミルは著書『自由論』の中で、「他人に危害を加えない限り人々は自由に考え行動することが認められるべきである」と述べていますが、一方で多数派が少数派を抑圧すること、すなわち「多数者の専制」の危険性を説き、たとえある時代にある思想が正しいとしても、その思想自体の効力を維持する点検のために多様な思想が必要だと述べています。こうした現行システムの点検のために、多様性の維持は組織と制度設計において必要な概念だと思います。

なお、ミルに対する思想的な批判としては、抑圧された社会的弱者はそもそも思想や政策を表現する機会が与えられていないというものです。これもまた、考えさせられる論点です。

笑顔は万国共通の護身術

日本の都会では、すれ違う人に笑顔で挨拶の言葉をかけることは少ないかもしれません。海外だと場所によっては目が合うと微笑んだり、軽く挨拶の言葉をかけてくれる場合もあるでしょう。そうした土地ではその土地の習慣に従いましょう。

私は犯罪都市だった頃の80年代のニューヨークや、２０１４年にも暴動のあった全米でも治安が悪いとされるセントルイスに住んでいたことがあり、基本的に微笑や挨拶は、すれ違う人やエレベータで一緒になった人に「**私は敵ではありません**」と示すものだと考えています。

日本では普段から積極的に安全を確保する必要性を感じないかもしれませんが、そうした地域は世界では少数です。あるヨーロッパの方は、「日本は好きではないけれど、考え事をしながら歩ける安全な国なので日本に住んでいる」と言っていました。

海外出張の飛行機で、隣の席の人に無言で座るのでなく、最初にちょっと挨拶をするだけでも旅路が快適になるものです。新幹線で座席を倒す際に一声かけるだけでも違います。

また、米国のような銃社会で、万が一、警官に止められたり、暴漢に銃を突き付けられた場合、不用意に胸元から携帯電話や財布などを取り出そうとすると、銃を取り出そうとしているものと勘違いされて撃たれる可能性があるので気をつけましょう。米国では毎年４００人以上が警察やＦＢＩによる射殺等によって殺されています。そうした場合は両手を上げてポケットを物色させたほうが安全です。

街の日常生活では笑顔の効用がありますが、一部の旧共産圏諸国のように、対人コミュニケーションにおいて笑顔が過ぎるとバカだと思われるという国も存在します。また、日本のように「へらへらと愛想笑いするようなヤツは信用できない」という文化もありますので、そこは郷に入れば郷に従うということです。

履歴書を英訳する

英語で職務履歴書のことをＣＶ（Curriculum Vitae）と言いますが、あなたは英語の履歴書を用意しているでしょうか？　転職の際に提出するという目的以外にも、海外の法人設立の際に必要とされたり、政府関連のプロジェクトに関わる際に提出を求められたりすることがあります。

また、転職する予定がなくても、ＬｉｎｋｅｄＩｎといったサイトにあなたの英語のＣＶを載せておけば、あなたの経験やスキルを見て海外からビジネスの相談をしてくる人がいるかもしれません。プロフェッショナルとしてはＣＶを作成して更新していきましょう。

ＣＶを作成する際には、ＬｉｎｋｅｄＩｎにいるあなたと似た経歴の外国人の履歴書が参考になります。ちなみにＬｉｎｋｅｄＩｎ掲載のＣＶで２０１３年に最も使われた単語は〝Responsible〟でした。英文のＣＶではAction Verbと呼ばれる、文頭の動詞の過去形表記が一般的です。今までに何か課題を解決したのであれば〝Solved〜〟となります。

2 ビジネスの基本を徹底する

「ロジ」をなめない

エリート意識の強い若い方に顕著ですが、会議の設定や必要な物品の準備、顧客の送り迎えといったいわゆる「ロジ」をなめてかかることは絶対にあってはなりません。**こういったことを「仕事の本質と関係ないから」と言う人は仕事をわかっていない人です。**

こうしたロジを完璧にこなした上で、会議の内容も素晴らしいというのがプロフェッショナルです。イベント運営などを任された時には国賓を迎える外交官になったつもりで、分刻みのタイムテーブル、スタッフの立ち位置の確認等、何度も予行演習を行なって完璧を目指しましょう。

正しい名刺交換をする

あなたがグローバルに戦略家として活躍したいと願っていても、自分のいるマザーマーケット（日本）での評判が悪いと、対グローバルマーケットでも日本での人脈を使ってレバレッジがかけられないものです。ここは強調したい点ですが、ビジネスにおいては**どんなに賢い人でも礼儀がなければ、相手に悪印象を与えて大きな取引がひっくり返ります。**一方で難しい案件でも誠意を持って頭を使えば（＝頭を下げれば）、道が開けることがあります。

あなたがどんなに偉くなっても折を見て居住まいを正すことが必要です。財界でも「実るほど頭を垂れる稲穂かな」という人は何かあった時に助けてもらえますが、「あそこの社長は天狗になって嫌われていたから」と助けてもらえないことがあります。

ここではあなたが不用意に評判を落とさないように、日本でのビジネスマナーを再確認します。重厚長大伝統的日本企業等ではしっかりとお作法を教えてもらえますが、ずっと正式な名刺交換を知らない方もいるのでおさらいです。

正しい名刺交換

❶名刺は、男性はスーツのジャケットの胸の内ポケットか外ポケットに入れておく。スーツのパンツに入れるのはマナー違反。女性はバッグに入れておく

❷名刺入れには名刺の上の部分から入れておき、相手の読める向きですぐに出せるようにしておく

❸ビジネスシーンでは初対面の挨拶での名刺の同時交換が多い。名刺入れの上に自分の名刺を相手の読める向きに置いて用意し、右手で自分の名刺を差し出しながら、相手の名刺を自分の名刺入れで受け取る。その後、相手の名刺を名刺入れに乗せたまま自分に引き寄せる。名刺を差し出す際に、はっきりと自分の会社名、部署名、名前を伝える

❹相手の名刺を受け取ったら相手の名前を復唱する。名前の読み方がわからない場合は名刺に記載されたEメールアドレスで確認するか、その場で相手に聞く

❺名刺を持ったままで話が始まった場合には、名刺を胸の高さに持っておき、下げないように気をつける

❻席に着いたら、名刺入れの上に相手の名刺を置いて会議を始める

なお、名刺の整理ですが、名刺を自動で読み取ってくれるスキャナーが便利です。私は富士通のＳｃａｎＳｎａｐを利用しています。

正しい席次を覚える

意外と迷いがちなのがビジネスシーンでの席次です。シーン別に説明します。

ビジネスシーンでの席次

1 会議の席次の基本

❶部屋の入口を確認し、入口から一番遠い席が上座
❷多人数の会議では議長席に近いほうから上座
❸横に3人以上並ぶ際は真ん中が上座

2 和室の場合　※接待の会食の席など

❶床の間がある場合には、床の間の前が上座
❷床の間がない場合は入口から一番遠い席が上座
❸入口に一番近い席が下座で、一番目下の人間が座り、注文等を行なう

3 エレベータ

❶操作盤の前が最も下座
❷操作盤から最も遠いところが上座

4 タクシー

❶助手席が最も下座
❷後部座席の運転手の後ろが上座
❸後部座席に3人で乗る場合は、助手席が上座、後部座席3人の真ん中が最も下座
❹目上の人間が後部座席に乗車する際は、後部ドアを押さえて奥に乗せるようにする

席次の基本が理解できたでしょうか？

こうした些細なことを知らないばかりに失礼をして評判を悪くするのは無駄です。

自然体で身につけましょう。

ミスのない正しいアポイントの取り方

ビジネスシーンでのアポイントの取り方一つで、仕事のできる／できないがわかりますが、次のことを明確にしましょう。

アポイントの取り方

❶アポイントメントの候補日時は複数の提案をする

❷日時は正確に、必ず所要時間も伝える

❸同行する人数を伝える

◇メールでの文面は次のようになる。
「○の件につきまして、1時間程度のお時間を頂戴できれば幸いでございます。弊社より担当役員の○を同席の上、2名でご訪問させていただきますので、来週、○日、○時のご都合はいかがでしょうか」

当たり前のことですが、訪問相手やその秘書はこうしたやりとりであなたの手際の良さを見ています。秘書に「ダメな会社」と思われた際のダメージは大きいです。

接待や会食でミスをしない

会食はビジネスにおいて非常に効果的なコミュニケーションの場であると同時に、人として品が無いと思われたり、不作法だと思われたりする危険があります。ある財界人は「箸の持ち方とわさびの付け方でその人の育ちがわかる」と言っていました。次の基本を意識します。

失敗しない会食マナー

❶最初の乾杯までのタイミングは、全員が席に着き、接待側からお酒を注ぐようにする。ビール瓶の場合はラベルを上にして瓶を両手で持って注ぐ。ワイン等でウエイターがいる場合は任せる

❷相手からお酌を受ける際は片手がグラスの胴、片手がグラスの底を持つ

❸意外と人が見ているのが和食での箸使い。お箸の持ち方の基本は上に来る箸のみを動かし、下を固定すること。動画等で確認して正しい箸使いを心がける

❹洋食でナイフとフォークを使うとき、テーブルにセットされたものは外側から順に使っていく。食事中は「ハ」の字にナイフとフォークを置き、お皿の料理を食べ終わったらナイフとフォークを揃えて斜めに置く

❺レストランでのナプキンは、二つ折りにして山になったほうを自分のお腹側にして膝の上に置く。食事中に中座する際はナプキンを畳まず、クシャっとしたままで椅子に置く。食事後のナプキンもきれいにたたみ過ぎずクシャっとした形でテーブルに置くのがマナー

❻フランス料理やイタリア料理のレストランでワインを選ぶ際には、レストランのソ

ムリエに、オーダーする食事、好みのイメージ、価格帯を伝えて、良いものを薦めてもらう

ワインは非常に奥が深く全体像を掴むのは困難ですが、外国人との会食などにおいても一般的な話題の一つですので興味を持って学んでいけば会食も楽しくなります。フランスワインであればボルドー、ブルゴーニュ、シャンパーニュの代表的なもの、例えばボルドーであれば5大シャトーや格付けシャトー、イタリアワインであればピエモンテ、トスカーナ、シチリアの代表的なものを知っておくと良いでしょう。また、日本酒、ビール、ウイスキーは従来から訪日する外国人に人気のある一方でワインは人気がなかったのですが、最近は日本のワインも多様化し美味しいものも増えています。外国人に日本のワインを紹介するのも会話の材料となります。

ノートはコーネル式で書く

コーネル式ノートは米国コーネル大学で考案された講義のノートの取り方です。

ノートの形式自体は非常にシンプルで、ノートを三分割し、①**内容**、②**見出し・キ**

コーネル式ノート

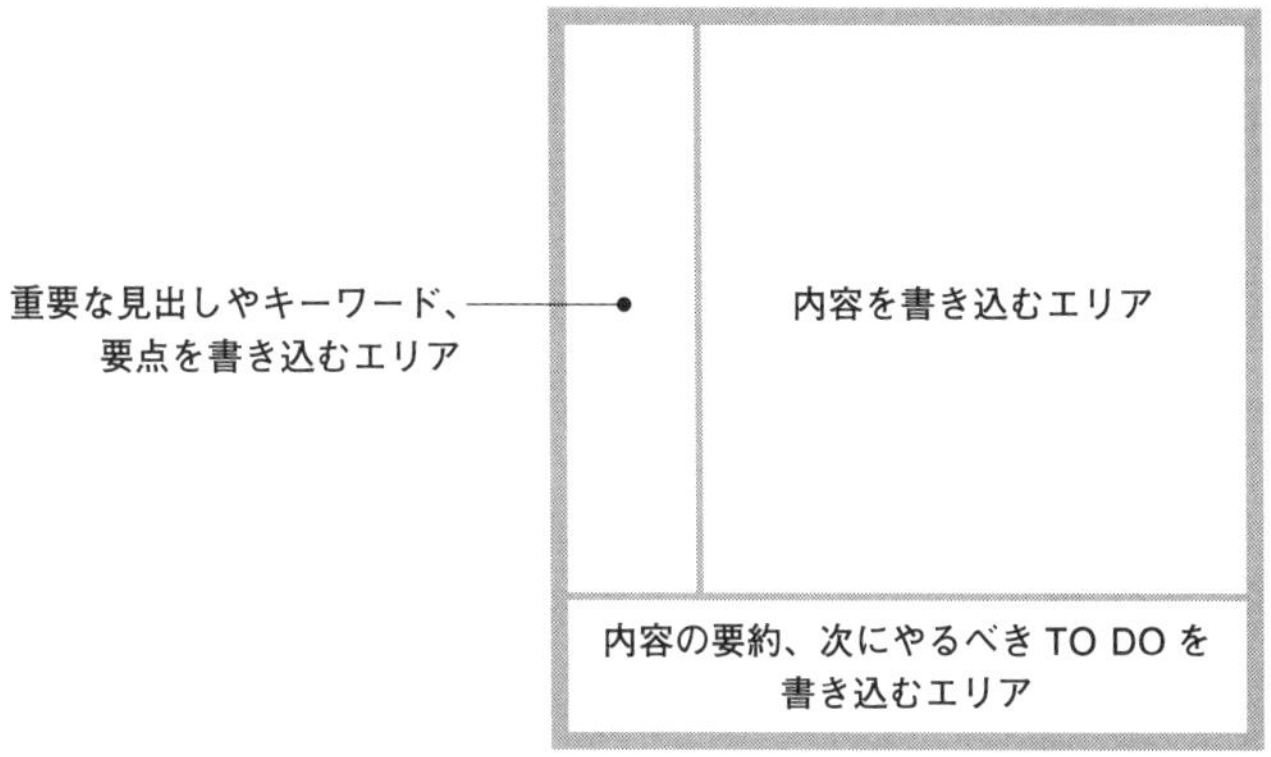

ーワード、**③サマリー**に分けます。普通のノートや紙に自分で線を引けばいつでも作成することが可能ですが、最初から線が引かれたものも市販されています。

私は下段のサマリーの部分に、次のやるべきこと、TODOリストも書いて活用しています。コーネル式ノートのコンセプトは議事録を取る時にも応用が可能であり、構造化がしやすくなります。その場合も内容にナンバリング、ラベリングを行ないましょう。

自分の「見た目」をコントロールする

人間は他人に会った時の情報認識の大部分を非言語的な視覚（外見）と聴覚（声）に依っています。ビジネスシーンにおいて派手だったり華美だったりする服装をする必要はありませんが、外見で損をする必要はありません。ＴＰＯを考えれば良いことですが、例えば、怒号が飛ぶような大荒れが予想されるバンクミーティング（債権者調整会議）で話す際に、リゾートに行くようなカジュアルな服装は少し考えたほうが良いということです。

服装はビジネスプロフェッショナルとして信用されるように次の点を意識します。

プロフェッショナルが気をつけるべき服装のポイント

1 清潔感を最優先する

❶シャツやスーツはシワになっていないプレスされたものを身につける

❷出張ではシワになりにくい素材のものを選ぶ

❸会議の前に数秒でも鏡でネクタイや顔の周り、歯の汚れなどを確認する

❹同じスーツを何日も着ると傷んでシワにもなるので数着を着まわすようにする

❺毎朝、爪が伸びていないかどうか確認する

2 色に配慮する

❶ビジネススーツの基本は、男性は無地のダーク系かネイビー、女性は上記に加えグレーやベージュも可

❷どんな男性にも似合うのが、白シャツにブルー系無地やストライプのネクタイ

◇ネクタイやスーツの色味は顔色、肌の色との相性があり、一度スタイリストやカラーリストに似合う色を見てもらうと、その後も服選びに重宝する。

3 小物に注意する

❶男性のソックスは短すぎてスネが見えないように注意する

❷女性のストッキングは伝線等がないように確認する
❸時計やアクセサリーは自分のキャラクターや職業に合ったものを選ぶ
❹靴は必ずケアをする。休日にブラシとクリーナーで汚れを落とし、クリームを塗って手入れをし、普段出かけるときに軽く布で水拭きしてきれいにする（私はサフィールのクリームを使っています）

4 笑顔を練習しておく

❶大袈裟過ぎないか、逆に無表情でないか、鏡を見て笑顔の練習をしておく
◇自分がどういう笑顔をしているかは知っておく。これはプレゼンテーションでも写真を撮る時でも役に立つ。

あなたがビル・ゲイツだったら服装を気にしなくてもいいかもしれませんが、あなたがビル・ゲイツでない場合は気にしましょう。また、あなたが素晴らしい起業家だったとしても、TPOを考えた外見を設計しましょう。

いつでも出張可能にしておく

ビジネスプロフェッショナルは、国内外を問わずにいつでも出張できるようにしておくべきです。あなたの担当しているプロジェクトで何か事故があり、すぐに現地に飛ばなければならないこともあるでしょう。交渉が佳境となってきた時にあえて交渉相手の元へ飛んで、案件をクロージングする必要があるかもしれません。「**可能な限り早く現地に飛んでくれ**」と言われてもすぐに旅立てるよう、次のような準備をしておきます。

①自分用の「出張セット」をつくっておく

普段使っているような日用品を出張の度に入れ替えたりせずに、出張用の洗面具などをまとめておいて、それをバッグに入れればすぐに旅立てるようにしておきます。シンプルなことですが**忘れ物を防げます**。私は出張の際には移動しやすいように、TUMIのビジネスバッグをリモワのスーツケースのハンドル部分に固定して使っています。ビジネスバッグはPCを入れて機内持ち込みにしています。

スーツケースに荷物をまとめる際に、ACアダプターやバッテリーといった小物はすぐに見つかるよう、中の見えるポーチなどを使ってまとめておきます。旅先で何かを探すことに時間を使うのは無駄です。

出張時に限らないですが、「カバンの中身」という製品はバッグの中の整理をしておくのに便利です。またバッグを変えても、「カバンの中身」をバッグからバッグに入れ替えるだけなので、いつも使っているものを入れ忘れるということがなくなります。

②海外ではその国の習慣や規制に対応する

何度も訪れている国ならいいですが、初めて訪れる国であれば、チップの習慣やビザの取得方法、国際免許での運転の可否などを事前に調べておきましょう。顧客や上司をアテンドするのであれば、こういったロジの確認は完璧さが求められます。

その国の習慣によっては日本では想定されない準備が必要な国もあります。例えばイスラム教徒の多い国であれば女性が肌を露出することは避けるべきですので、大きめのスカーフなどは重宝します。丸めて小さくできるポケッタブルパーカがユニクロやパタゴニアから出ていますが、雨や防寒など一つあると便利です。また、熱帯地域では虫に刺されないための、砂漠地帯では日焼けを防ぐための服装など、現地に行ってからすぐに用意できないこともありますので、出張前にはインターネットで現地の環境を事前に調査します。

③予防接種・医薬品を用意する

海外では、日本では想定されない感染症や風土病があることがあります。日本国内でも「トラベルクリニック」と呼ばれる病院ではそうしたワクチンを接種することができます。ただし気をつけないといけないのは、ワクチンによっては数カ月にわたって何度も接種しないと効力がないものもありますので、感染症などのある地域に出張する可能性のある人は半年ほど前に準備しておく必要があります。

またワクチンを接種した場合はその記録を記した英語の証明書を入手しておくと、万が一、現地で病院に行くことになったとしても身体の状況説明が容易になります。

何か持病がある人は現地で同様の薬を調達することが困難な可能性もありますので、普段から使い慣れたものを多めに用意しておきます。また虫除けスプレーなどは日本のものでは熱帯地域などで効果が弱い場合もあるので注意が必要です。

また、衛生が劣悪な環境にビジネスで行く際には、長期滞在でなければ現地の食事ではなく、カロリーメイト等で過ごすのも選択肢です。ビジネスの交渉で行ったのに、訪問先でずっと食あたりに苦しむというリスクを取らないで済みます。

④通信手段（携帯電話／インターネット）を用意する

先進国であれば高速インターネット通信環境が当たり前ですが、海外では地域によっては、簡単にインターネットにアクセスできないこともありますので、データローミングの可否やホテルでのインターネット環境などを確認しておきます。

先進国でなくても、空港ではＷｉ－Ｆｉが使える場合が多いので、**メールチェックは空港を経由するごとに行ないます。**その場合は、事前に機内でメールの下書きをしておいてあとは送信するだけにしておけば時間の節約になります。どこでもＷｉ－Ｆｉ環境の場合が多いですが、地域によっては万が一の時のために短い有線ケーブルを持っておくと安心です。コンセントも世界中の形式に対応可能なものが売られていますので用意します。**電話やインターネット等の通信手段は一つだけにせずに、バックアップを用意し、バックアップ用のバッテリーも忘れないようにします。**

想定外のことに備えるという意味では、国や地域によっては警察や軍等にＰＣ、携帯電話、カメラ、記録媒体などが何かのトラブルで没収されることもあります。そうした事態が想定される地域ではバックアップ及び、万が一没収されてもダメージが少ないように準備しましょう。ジャーナリストはこうした事情に詳しいので、近くにいれば聞いておきましょう。

日常生活でも言えることですが、**パスポートナンバーといった個人情報をパスワードをかけて記録媒体に入れておけば、原本を紛失した際に情報を取り出せます。**

情報セキュリティ会社のカスペルスキー社によれば、ホテルのＷｉ‐Ｆｉに侵入した企業秘密を狙うハッカーがソフトウエアの更新を装って、機密情報を盗み出している事実があり、日本でも既に２０００台を超える端末が感染しているそうです。出張先でのソフトウエア更新や知らないソフトウエアのインストールには注意しましょう。

⑤プリントアウトはコンビニで

これは国内での出張先の話ですが、コンビニにあるコピー機はＳＤカード等の記録媒体を使ってプリントができますし、オンラインでファイルをアップロードしてプリントすることも可能です。身近にプリンターがない時に重宝します。

デスク周辺環境を整備して効率化

①よく使う物の定位置を決める

当たり前ではありますが、「確認中」や「確認済」の書類やよく使う文具などは仕事で使うデスク周りで定位置を決めておくべきです。書類やモノの紛失や確認漏れをなくし、探す時間を減らせば重要な仕事にもっと時間を使うことができます。また、書類を置く際は緊急度に応じて分けておくべきです。

②PCのモニターはデュアルで大きくする

デスクのモニターは2つにしましょう。仕事用のデスクにもう一つ大きなモニターを用意しておけば、画面が2つ（デュアル）の環境で作業ができます。この環境であれば画面でたくさんのウインドウを同時に開けながら作業ができますので、ブラウザで情報を見ながら、エクセルやパワーポイントで作業ができます。単純ですが必ず作業効率が上がります。

③TODOリストは、PCのキーボードの上に

スマートフォンもそうですが、1日のなかで人が必ず見る場所はキーボードです。必ず確認すべき書類やTODOリストは、PCのキーボードの上に置いておくと忘れません。こうした物理的な行動習慣を理解しておくと、工場の作業ミス防止の「ポカヨケ」のように有用です。

④デスクトップ検索を使う

PC内のファイルを見つけ出すデスクトップ検索はファイルを探す時に便利です。Windowsであればロゴ キー＋Fで表示できます。

⑤ファイル名に必ず日付を入れる

これもシンプルですが習慣にしておけば、ファイルの視認性が上がり整理もしやすくなります。

他にも様々なちょっと効率性を上げるようなコツやツールがあると思いますが、そうしたハックに凝るのではなく、あくまであなたのクリエイティブに使える時間を増

やすために自分の環境を整備しましょう。また、そんなに遠くない将来、知識労働者が効率化したい単純作業は人工知能にとって代わられると思います。

日本文化について説明できるようにしておく

私はインド人と食事をした際に「神道と日本人」について色々と聞かれた経験がありますが、「よく知ってるね」と言うと、「インターネットで調べたから、色々と聞こうと思って」という答えが返ってきました。やはり相手に敬意を持って、**相手の国の概要、歴史、最近の主要なニュースを事前にリサーチしていく**のが基本だと思います。ここでも外務省のサイトにあるデータや「The World Factbook」が役立ちます。

一方でこれまた当然ですが、普段から自国、日本の文化について知り、考えていないと話すことができません。これもこうした会食の席が多い人は、事前に調べて英語で話せるようにしておくべきです。日鉄住金総研の出している『日本』（学生社）という本は、あらゆる日本の事象について英訳が載っていて便利です。自国の文化についてしっかりと話せることで知的な印象を残せます。海外の知識人はあなたに村上春樹について質問するかもしれませんし、「能」と「歌舞伎」の違いについて聞くかもしれません。基礎知識を蓄え、普段から英語でも話せるようにしておかないと、能の幽玄や貴族的儀式性、歌舞伎の誇張と身体性といったことを外国語で話すのはとても難しいものです。

相手の宗教のルールを理解する

また、日本を訪れた外国人との食事で気をつけたいのは、ベジタリアン（菜食主義）かどうかの確認です。例えばヒンズー教徒の一部はベジタリアンです。そしてイスラム教徒（ムスリム）は豚や酒、ヒンズー教徒は牛、ユダヤ教徒は鱗のない魚介類といった宗教上、食べられないものがありますので、事前に確認が必要です。

また、例えばムスリムであっても、どこまで厳格に食べる、食べないを分けているかは個人によって異なります。イスラム法において合法とされる食べ物をハラールと呼び、ハラール認証をされた食べ物が出回っていますが、ハラール認証機関は数多くあり、イスラム諸国によっては認証基準が異なっていますので、ハラール認証を受けていればムスリムの人は誰でも食べられるというわけではありません。こうした宗教上の問題は国や地域に固有な要素も強いことを認識しましょう。日本人には馴染みが薄いイスラム文化ですが、日本企業のＥＭＥＡ（欧州・中東・アフリカ）への関与は増加していますので、イスラム文化の基礎知識は必要です。

外国人との食事の席で敬意と関心を持って相手の国や宗教について聞くのは良いですが、**差別的な発言や非難は絶対に避けましょう。**ミスコミュニケーションになりそうであれば、宗教的な話題は避けたほうが無難です。

海外企業とのジョイントベンチャーの設立時や相手国の政府高官が出席するパーティなど、社名ロゴだけでなく、企業の出身国の国旗を立てるような状況にもしも遭遇した場合も外務省のサイトにある「海外のお客様を迎えるために」が役立ちます。

そこには、「プロトコール（国際儀礼）」とは「国家間の儀礼上のルールであり、外交を推進するための潤滑油。また、国際的・公式な場で主催者側が示すルールを指すこともある」という記載があり、国旗についても「国旗は国の象徴、国民統合の象徴、相手国の国旗に敬意を払う、右（向かって左）上位が原則（日本では相手国旗上位）」とあります。

3 自らを学習マシーンだとイメージする

プロフェッショナルとして体調管理を行なう

人は死亡率100%です。世の中で確実なことがあるとすればそれくらいで、経済学者のケインズも「我々は長期的にみれば皆死んでいる」と述べています。明日も今日と同じような日が続く気がしますが、もしかしたら明日になったらあなたは死んでいるかもしれません。

また、**勤めている会社が潰れることだってあります。**私は会社が潰れてなくなることを自分でも経験していますし、たくさんのそうした会社を見てきました。資金繰りにつまり、大きな負債を抱えてどうにもいかなくなった会社だとしても、従業員は経営破たんのその日まで潰れると思っていないことも多く、自分の会社の破たんをニュースで知ったりすることが普通です。人は見たいものしか見ない傾向があるので、どんなに客観的な経営破たんの兆候が出ていたとしても、「まさか潰れるわけないよね」と思っているものです。

あなたが戦略家なら、最初からすべては有限であり、サイクルがあるのだと考えるべきです。市場や景気にもサイクルがありますし、どんなに周りに優秀だと思われている人でも病気になって第一線からやむなく離脱せざるを得ない時があります。

じつは子どもの教育や親の介護など、プライベートのことを考えずに一心不乱に仕事ができる時期というのは人生のとても短い期間です。また、身体に負荷をかけて仕事ができるのも40歳くらいまでです。こうした意識は普段からホルモンバランスなどのサイクルを気にしている女性より、男性のほうが希薄であり、いつまでも同じように仕事ができると思って仕事盛りに体を壊すことが多いものです。

人間は生き物なので、体調に仕事の質は完全に依存します。**30歳くらいからは意識的にメンタルを含めた健康管理を行なうべきです。**大切なのは仕事を続けることであり、そのためには強い身体が必要です。健康でなければ戦えません。

ビジネスプロフェッショナルが習慣付けるべき体調管理

1 睡眠時間

❶ 一般的には6時間以上は必要
❷ 1時間半刻みで睡眠時間を設定すると寝起きが良い
❸ 起床したら日光を浴びて体の目覚めを促す

2 バランスの良い食事

❶ 塩分、油分は少なめを心がける
❷ 意識して野菜を多めに摂る
❸ 食べる量は朝から夜まで逆三角形にすることを心がける
❹ 夜中には食べずに胃を休ませる

3 習慣的な運動

❶ 身体が固まったらストレッチでほぐす

❷10分トレーニング：プッシュアップ（腕立て伏せ）×20、クランチ（腹筋運動）×20、スクワット×20を毎日の習慣にすれば最低限の筋力は維持できる

❸普段の生活の中で姿勢を意識しながら少し足早に歩き、なるべく階段を使う

4 ストレスマネジメント

❶ストレスの原因を知る：何が自分にとって本当に嫌なことなのかを知り、耐えられなくなる前に人に相談したり、休んだりできるように決めておく。「本当に良い上司に恵まれて」と他人に言っていても本当は殺したいくらい嫌いな場合はあるので、自分まで騙さないようにする

❷物事を整理する：目の前にある、考えたりやらないといけない嫌なことを横に並べて、「こんなにたくさん嫌なことがある」と考えずに、インパクトや緊急性ごとに縦に並べて考える習慣をつける

❸相談する：抑圧した心の悩みは身体の異変に出てくることも多いので、何かの症状が出た際には、自分の悩みについても職場の産業医などに相談する

5 身体のケア

❶健康診断や人間ドックは欠かさない
❷風邪には早期対応する。風邪の初期は温かくして葛根湯と経口補水液を摂る
◇働き盛りの40歳くらいの時にたまたま一度人間ドックを受けなかったがために、ガンの早期発見ができなかったということもある。また、大人でも風邪や肺炎が重症になってキャリアを棒に振る可能性はいつでもある。

無駄なプライドを捨て、できるだけ早く失敗する

ビジネスプロフェッショナルとして最も重要な資質は「**学習し続ける能力**」です。同様に、学習し続ける組織は強いものです。思考と知識のピラミッドでは、論理的思考力等の基盤の上に、業界知識や経済トレンドといった刻一刻と変化する情報が載ってきます。そうした情報（Information）を構造化によって洞察（Insight）に変えるためには、「そんなの知ってる、知ってる」という態度ではなく、**謙虚に自分が知らないことを認識して貪欲に情報を収集していく必要があります。**情報（Information）だけならネット上にいくらでもあります。

社会に出てから学習し続けるためには、「自分は一流大学を出ているから」や「一

流企業で働いているから」といった無意味なプライドを捨て、仕事の技術から礼儀作法まで誰からも学習し続けることがその後の知識と経験の差となってきます。

何にでも好奇心を持って学び続けている人は「**毎朝起きたら、新しく生まれ変わっている**」ような自己イメージを持っているものです。学びは日々の仕事からこそが自分の血肉になり、特に成功より失敗からのほうが多くを学ぶことができます。キャリアにおいても早い段階、若いうちに失敗して痛みを覚えておくと、些細なことでもダブルチェックするようになります。仕事は失敗を恐れずに70％くらいの完成度で進めて、修正を繰り返しながらゴールに到達できるようにします。ビジネスにおいて明日の朝までに用意すべき資料を１００％の完成度にして１週間後に出しても価値がないので、修正しながら進めることを覚えましょう。

悪いニュースを歓迎する風土を醸成する

あなたがマネジメントする側であれば、部下に対して「間違わない、間違ってはならない」という無謬性を是とするのではなく、小さなミスや予想外の事象があれば、なるべく早く正確に報告をすることが奨励されることを周知すべきです。とにかく

「ノーサプライズ（驚かさないでくれ）」を周知し、潜在的なリスクを認識できずにビジネスを進めることを避けるのです。

そのためにはあなた自身が積極的に「**当初の計画上はわからなかったけれども、こういう失敗をしたので、こういう対応をした**」という内容を部下と共有することによって、悪いニュースが報告される風土や不確実なものでも修正しながら挑戦する文化を醸成します。こうした風土のない組織は、「我々は間違わない」という無謬性への信奉によって、いつまでも不採算事業を続けたり、過去の不祥事が明るみに出た際に誤った対応をして組織を存亡の危機にさらします。

プロフェッショナルにとって重要なのは時間と経験

人間にとっての時間は有限であり、代替の利かない価値のあるものです。特に吸収力と体力のある20代はお金と経験であれば、経験が積めるほうの道を選ぶべきです。

私は有名中学・高校、大学を出て有名商社や銀行に入った30歳前後の方に中途採用面接でよく会いますが、成長が20歳くらいで止まっているというか、子どもと話をしているような印象を受ける人が少なからずいます。大きな組織の20代ではそうそう重要な仕事をさせてもらうことは難しいので、自ら経験を積める場所を選択していかないと何も知らずに老いてしまいます。**20代での数百万円の年収の差は誤差の範囲です。**経験を買いまくるつもりで、迷ったら困難なほうを選ぶべきです。若い頃の時間は中年の時間より貴重です。

あなたの時間が貴重なのと同様に、他人の時間は貴重です。クリエイターやプロフェッショナルと過ごす時間はアイディアをもらえたり、議論によって自分の考えを深めることができたりします。あなたがそうした時間をもらった時には、感謝をすると同時に何かで「お返し」できるようにしましょう。一方で、自分が未熟なうちは「**ギブ、ギブ、ギブ、テイク**」くらいで他人にアイディアを渡しましょう。人にあげたアイディアはまわりまわってあなたの財産となります。

4 アイディアに最大の価値を置く

仕事とプライベートを分けずに、好奇心を持ち続ける

テクノロジーの発達によって、いつでもどこでも仕事ができるようになってきました。PCとスマートフォンがあればカフェでも空港ラウンジでも新幹線車内でも仕事ができます。テクノロジーの発達のおかげで、プライベートな時間が仕事の時間に侵食されていると考えるか、それとも、細切れの時間をうまく使って仕事を早く終わらせ、プライベートを充実させられると考えるかはあなたの自由です。

しかしながら、現在の高度知識人材やプロフェッショナルのワークスタイルとしては、時間こそが限りあるものなので、**テクノロジーをうまく使うべきです。**

例えば子育て中であれば、午後は早く帰宅して、自宅で食事をつくって子どもと一

緒に食べて、子どもを寝かせてからメールチェックや残った仕事ができるのもテクノロジーのおかげです。**私は移動時間やミーティングの待ち時間に合わせて、仕事のインプットとアウトプットを変えています。**混んだ電車の中では、ニュースを聞いていますし、出張の新幹線などでは読めてなかったビジネス書や論文を読んでいます。機密保持の観点から、隣の人に資料を見られるおそれのある場所では自社や顧客の資料を見たり、資料を作成することはありませんので、一般的な資料のインプットを行なっています。海外出張の機内は外部と隔離され、長時間にわたって集中できるため、まとまった仕事をしています。他人にPCの画面をのぞき見されないようなカフェや待合室では、思考が途切れないようにその時間で一区切りつくような作業をしています。

仕事とプライベートをしっかり分けたいという人はいるでしょうが、私自身は**24時間365日、どこかで仕事のことを考えていないと、クリエイティブなことやひらめきが起きない**気がしています。思いついたアイディアには寝かせて熟成させる時間が必要です。また、能力やセンスよりも、インプットの物量と考え続ける努力がないと、質の高いアウトプットが出ないと思っています。

今の時代では、何かを思いついた時に検索してもう少し深く考えるかどうかがあまりに重要な意味を持っています。「**これって何でこうなんだっけ?**」という好奇心を持ち続け、情報にアクセスする労をいとわないかどうかが、もう一歩クリエイティブになれるかを決めると思います。

よく新人に、企業を分析したり、ビジネスモデルを精査したりする際には、「まずバリューチェーンが頭に浮かぶようにしてください」と言っていますが、これは慣れの問題なので、「**電車から外の看板を見て、どんどん業界のバリューチェーンを思い浮かべる練習をしてください**」とも言っています。

仕事とプライベートを分けないで連続的に思考し続けるためには、当たり前ですが、**自らの意思で仕事をしているか、誰かにさせられていると思うかの違いです。**誰かに命令されて嫌々やっている仕事を続けられないのは当然で、使命を持って自分の為すべきことを思って生活していたり、「また、いいこと思いついてしまった」と言えるなら世界は違います。

この瞬間、地球で何が起きているか考える

クリエイティブクラスと呼ばれる高度知識人材は、弁護士や会計士が行なうような従来型の知識労働に加えて、新しいことを構想し、実行することが求められています。

コンピュータによる人工知能の発達により、定型化された作業や大量のデータの分析などは人間より人工知能に任せる世界が来ます。例えば大量の新人弁護士を動員していたような企業の不正調査の書類の読み込みなどは、今後は人工知能に代替されていくことでしょう。一方で人間がコンピュータが行なう相関関係の解析に比べて優位なのは、**少ないサンプルからパターンを見つけ出し、知識を転移させていく想像力を使った仕事**です。

「想像力」はあなたが知識で武装されただけの人間から、人間を高度に理解し、何かを生み出す人間になるために必要な能力です。日常的なコミュニケーションにおいても、「なぜA課長はB課長と同期なのに廊下で会っても挨拶をしないのか？」という問いを設定するために重要です。外交においても、例えば我が国に対して他国が敵対的な言動を止めないのは、国内の民衆をまとめるため、つまり内政問題が外交で敵をつくり出す原動力となっているためだ、と想像できることが戦略家には求められます。

今、この瞬間、あなたがゆっくり食事をしている時でも、温かく清潔なシャワーを浴びている時でも、地球のどこかでは1日1・25米ドル未満で暮らす人々が12億人以上います（世界銀行調査）。あなたの身近にそんな人がいたら何かしてあげたいと思うかもしれませんが、あまりに遠い地球のどこかだと想像が追いつかないかもしれません。もちろん身近な人とのコミュニケーションでも、相手が何を考えているか、どういうインセンティブを持って行動しているかを考えないと仕事はスムーズに進まないでしょう。ただ、想像力という意味では、世界のどこかで飲み水に困る人を思うこととそんなに変わりません。**「優しさ」の大きな要素は想像力です。**あなたが紙で指を切ったくらいで痛いのですから、遠くの誰かが空爆されたらきっと痛いことでしょう。他者への想像力があれば偏狭なナショナリズムといった冷静な判断を狂わす要因から自由になれます。

あなたがリーダーとなって、人々から共感を得るためにも、人々の優先順位を知る想像力が欠かせません。あなたには想像力があると信じましょう。世界的なデザインのコンサルティング会社であるIDEOの創業者ケリー兄弟は著書『クリエイティブマインドセット』の中で「クリエイティブになるための第一歩は、クリエイティブになりたいと決意することだ」と述べています。また同書の中で、クリエイティブな「体験の設計」として、轟音が発生する医療用MRIの中に子どもが怖がって入らないという問題に対し、MRIをカラフルな海賊船や宇宙船にペイントし、恐ろしいMRIを子どもにとって楽しい冒険に変えた事例を挙げています。これなどは想像力によって新しい体験を創造した素晴らしい事例だと思います。

ビジネスにおいていろんなアナロジー（類推）を用いてアイディアを出していくためには、想像力と経験をうまく組み合わせることです。

建設重機メーカーであるコマツのＫＯＭＴＲＡＸというシステムは建機にＧＰＳや通信システムを装備して車両の状況をモニタリングして、部品やオイルの交換時期などもわかるというシステムです。コマツのセンターでは世界中で稼働する建機を常時モニタリングし管理しています。

このシステムは１９９６年に発売され流行した「たまごっち」を見て開発技術者が思いついたそうです。「たまごっち」はゲームのキャラクターが「おなかすいた」などと言うものでしたが、建機が「自分はここにいる」や「燃料が残り少ない」と言えば便利ではないかと考えたそうです。これはアナロジーの事例です。コマツはこのアイディアを実現するために社内技術に固執せずに、当時米国にあった通信技術を買収によって使うなど、そこにも柔軟な組み合わせの力が活きています。

アナロジーを使うことは役者が自分の想像力と経験を組み合わせて役作りをしていく過程に似ています。**もしも自分が顧客だったら何が欲しいのか？ どうしてほしいのか？** を考えましょう。もちろんいくら想像しても南アフリカ市場の顧客行動についてわからないといったようなことはあります。その際には現地に足を運べば百聞は一見にしかずで、理解できることもあるでしょう。現場を知らないコンサルタントがロジックだけで頭でっかちに戦略を押しつけるのと想像力を使うことは別物です。

こうした想像力を上げる方法は月並みですが、**小説や映画で様々な人間の疑似体験をする**ことです。私はどこかの業界について知りたい時は、現地に行ったり実務書を読んだりするのと同時に、小説や映画からもその業界の雰囲気や作法を学びます。

プレゼンテーションにドラマをつくる

プレゼンテーションには内容を可能な限り論理的に正確に伝えなければならないものと、聴衆の感情に訴えて共感を得るべきものがあります。あなたもＴＥＤで有名人が感情豊かに話すのを見たことがあるかもしれません。

ここではあなたが戦略家として、リーダーとして、共感を呼ぶためのＴＥＤ的なプレゼンテーションについて考えてみます。

人を説得する際にも淡々と論理的に話すより、**ストーリーとして話すべき時があります**。あなたがプレゼンテーションをする際に聴衆を眠らせないために、考えるべき基本はそこにドラマがあるかどうかです。私は小説を出版していますが、昔からドラマにはいくつかの典型的パターンがあります。

例えば主人公が最初は何かの悩みや弱い部分があって、苦労しながらも人々に助けられ、困難に立ち向かい、それを解決し成長するようなストーリーです。ファンタジーでも、現実社会で悩んでいる主人公が異世界に誘われ、そこで困難に立ち向かい成長し帰ってくるというパターンが多いものです。

昔から日本では、物語には漢詩から来ている「**起承転結**」が必要と言われていますが、現在のプレゼンテーションにおける基本フォーマットは次のようになります。

プレゼンテーションの基本フォーマット

❶ 状況の説明
あなたがこれから話すことの状況説明を行ないます。

❷ 困難や問題
聴衆の共感を呼ぶために、聴衆に質問を投げかけたりしつつ、あなたから困難や問題設定を行ない、聴衆に考えさせて聴衆を巻き込みます。

❸ 困難の克服や問題の解決

前出の問題や課題にどう立ち向かったのか、何がきっかけや鍵となってあなたが問題を理解したり、解決することができたのかを話します。

❹今後

あなたのプレゼンテーションを聞いて、聴衆がどんな新しい考え方や思いを手に入れたか、これから聴衆がどう考えたり、何をするべきかをまとめます。

基本的にはプレゼンテーション時間に合わせて、このフォーマットをアレンジしていきます。プレゼンテーションを準備する際にも、**いきなりスピーチ原稿を書き始めるのではなく、まずはプロットをつくってからスピーチ文に落とします。**プロットは「Aが起きて、Bが起きて、Cが起きて」という形にストーリーの出来事を並べて要約をつくっていくことです。私も小説を書く際にはまずはプロットをつくります。

プレゼンの基本動作はタッチ・ターン・トークの3つ

プレゼンテーションの準備ができたところで、実際のプレゼンテーションの動作ですが、パワーポイントのスライドを使った場合の基本動作はタッチ、ターン、トークとなります。「タッチ」はスライドを指差して示し、「ターン」は聴衆に向き、そして「トーク」は話すことです。ここで重要かつ慣れていないとできないのが、聴衆とのアイコンタクトです。話す際には聴衆とアイコンタクトし、聴衆の注意をひいたり、考えさせる時は「間」をおいて、あなたの目線を聴衆の左から右へ移動させます。

より洗練されたプレゼンテーションにするためのテクニックとして、「**聴衆にアイコンタクトしていないときは話さない**」というのがあります。実際には「タッチ」の際にスライドの文字や図を指しながら話してしまうことが多いかと思いますが、スライドの内容はあなたから見える別モニターで確認しながら、自分の後ろのスライドは見ずに聴衆だけを見て話をすると洗練されたプレゼンテーションになります。

プレゼンテーションが上手くなるコツは何と言っても**練習**と**場数**です。100回練習すればやっただけ上手くなります。聴衆はちょっとした違和感があると集中力をなくすので、違和感を与えることは避けなければなりません。**本当に良いプレゼンテーションがしたいのであれば練習しましょう。**その際はビデオに撮って見返すと、「えーと」などの間が多いことや、頭や顔を触るなどのクセも見つけることができます。テーブルに座って資料を説明するのもビデオに撮って見ると自分の改善点がわかります。

「身ぎれい」にしておく

「Aさんがお金に困っていたことを知りませんか？」
「AさんとBさんの何か特別な関係を知りませんか？」

これは企業犯罪を捜査する検察や警察が、事件が起きた際に周辺情報を集めるために聞く典型的な質問です。

会社で何らかの不祥事が起きて、捜査が入るような状況になり、そこにあなたが巻き込まれたとします。捜査当局は、直接的に事件に関係なくても「ここまで知ってるぞ」という形であなたの弱みや隠しておきたいことをチラつかせて、あなたが当局の描いた事件のストーリーに必要な証拠を提供していくように誘導していきます。特にあなたの交友関係は捜査当局にとって重要な交渉材料になってきます。

最近の企業不祥事や刑事犯罪では捜査過程で莫大な量のメールやチャット、電話の発信記録が証拠として収集されますので、事件が起きて捜査当局が被疑者や参考人に質問をする際には既にメール等から事件概要や人間関係が分析された後のことも多く、口頭での質問は事実の裏取りやその人間が信用できるかどうかを判別する際に聞くことも多いものです。

あなたがこうした事件に巻き込まれた際には、些細なことでもあなたに隠したいことや負い目があると、精神的ストレスはより大きなものになってきます。私は企業不祥事対応のコンサルティングをしてきましたが、事件に巻き込まれた人は通常は家族に十分な説明をすることができないため家族が病み、そのフィードバックで本人が精神的に追い詰められていくものです。

企業不祥事で会社が混乱するような事態になった際に、あなたがリーダーとして正しいと思うことを守り実行していくためには、**調査を受けても大丈夫なように、普段から「身ぎれい」にしておくことが必須です。**また、政府系の公職につく人間は通常は交友関係などの「身体検査」がされるものです。

あなたが何かの不祥事に巻き込まれた際にも周囲に「あの人ならやりそう」と言われるのではなく、「**あの人に限って絶対にそんなことはしない**」と言われる周囲の評判をつくるように意識しましょう。こうしたことは事件が起こってから後悔しても遅いのです。何か起きた時にあなたを救うのはあなたの日常的な評判です。

また、事件でなくても採用や投資において、対象者の風評を確認することは極めて重要です。最近ではいわゆる反社会的・反市場的勢力（暴力団等）の他にそうした組織に利益を提供する「共生者」との関係の有無を確認することが必要になってきています。**普段から照会（リファレンス）を取れるようにしておきましょう。**投資案件においては経営者等をトクチョーのような調査会社を使って調べることもあります。会社役員を調査する時には、会社の法人登記をインターネットで調べます。登記に不自然な商号、目的変更があったり、本社移転が繰り返されたりしている場合はその会社は要注意です。

5 リーダーシップを理解する

「リーダーシップ」を理解して年齢を重ねる

日本の財界、政界を問わずリーダーの不在が嘆かれ、企業では幹部候補達がリーダーシップに関わる研修を受けることが当たり前のこととなっています。また、リーダーシップについて書かれた本も数多あります。

私の経験では人々のリーダーシップの有無やその必要性が強烈に感じられるのは、平時ではなく**企業や組織が存続の危機を迎えた際**です。私は企業再生を仕事にしていますが、**企業が生きるか死ぬかの現場では評論家は全く役に立ちません。**平時であれば組織も余裕があるので、冷静に論理的に、でも何も決めない評論家のいる場所がありますが、非常事態ではそうはいきません。

リーダーは無論、広い視野と長期的な視点を持っているべきです。しかしながら最も重要なのは、

「本質的なところでぶれない」「責任者として物事を決められる」

ことです。

あなたの周囲を見渡して、「**ぶれない、決められる人**」はいるでしょうか？

注意すべき点ですが、四方八方、周囲に気を使って敵をつくらずに組織で出世することとリーダーシップは相いれない部分があります。企業で敵をつくらないことでトップとなった人間がいる際に、大きな経営環境の変化があると周囲に気を使って何も決められずに大惨事になることがあります。

有名な事例に、太平洋戦争開戦時の日本の陸軍参謀総長の杉山元の逸話があります。彼は陸軍が始まって以来2人しかいない陸軍大臣、参謀総長、教育総監の三長官を歴任した最高のエリートでしたが、あだ名はどちらにでも押したほうに動くという意味の「便所のドア」であり、自分では何も決められない、ぶれる日和見主義者でした。

太平洋戦争開戦時に杉山元参謀総長が昭和天皇から、「もし日米開戦となった場合、どのくらいで作戦を完遂する見込みか？」と問われ「太平洋方面は3カ月で作戦を終了する見込みでございます」と答えています。それを聞いた昭和天皇から、日中戦争時でさえ2カ月程度で片付くと言ったものを4年経っても終わっていないではないかと叱責されています。

昭和天皇は過去に第一次世界大戦で独仏合わせて70万人以上の戦死者を出したヴェルダン古戦場を視察した経験があり、本当の消耗戦に入った際のイメージがあったのかもしれません。このやりとりからは陸軍の杉山元参謀総長にリーダーに必須のリアリズムを感じることはできません。こうしたエリート、軍部トップを擁した日本と日本国民は対米開戦へと進んでいったのです。日本は米国と１９４１年12月に開戦し、１９４５年9月に終戦しました。

あなたが生きているうちに何度かは本当に重要な意思決定が迫られることがあることでしょう。本質的な使命を遂行するためには、**リーダーであれば冷徹なリアリズムを持ってぶれずに決めるべき**です。

リーダーはぶれない人間であるべきですが、ただただ頑迷な人間であれ、という意味ではありません。優れたリーダーは本質的にぶれないものを持ちつつ、優れたコミュニケーションができる人間（Great Communicator）であるものです。

リーダーのコミュニケーションとは？

リーダーのコミュニケーションとは

「自分にも他人に対しても、その行動にポジティブな意味付けができる」

「自分にも他人にも未来志向で、他人に今より良い状況をイメージさせられる」

ことです。リーダーが周囲の人間達に目標を達成させるための動機付けとしては、内発的なものと外発的なものがあります。内発的動機付けは自己の知的好奇心や探究心によってもたらされるものであり、外発的動機付けは金銭的報酬のような報奨によってもたらされるものです。

現場においてリーダーは「このプロジェクトがどれだけ会社や社会にとって意義があるか」と語り続けることによって内発的動機付けを醸成し、プロジェクトによって知的好奇心や挑戦欲がみたされる環境をつくるべきです。金銭的報酬によって人材を繋ぎ止めると「**金で採った人は金で失う**」ということが起こります。実際のリーダーの仕事の大半は内発的動機付けを醸成し、環境をつくり、場をつくることです。

私の経験では優れたコミュニケーションができるリーダーは外から見ると、空元気かもしれませんが明るく、誰に対してもフェア（公平）である（ように見える）人だと思います。

現代のリーダーにおいて**公平であること、倫理観のあることは重要な要素**です。大きな企業不祥事が起こるたびにビジネススクールでも企業倫理の授業が強化されてきました。リーダーがプロフェッショナルの倫理観として「知りながら害をなさない」ことや、私的な利害ではなく公的な利害によって動く人間であることが、会社のような組織を率いる者として必要不可欠です。私の経験上、企業不祥事の大部分は初動で手を打つことができたものの隠ぺいによって起こっています。社員の誰一人として個人的に利益を得ていないのに、真面目に不祥事を隠ぺいするのも日本企業の特徴です。こうした**不祥事の芽を小さなうちに摘み取れるのもリーダーの資質**なのです。

また、組織の人間関係において「嫉妬」のような感情はリーダーの敵です。嫉妬は内向きの感情ですが、感情の力を外向きの競争に向け、コミュニティとして組織に属する人々の成功を称えることができれば嫉妬のような無駄な感情に時間を使わずに済みます。また、謙虚さは美徳ではありますが、リーダーを目指す人は自分の考えを「言い切れる」習慣を持つべきでしょう。

ぶれずに決められることはリーダーシップの本質だと思いますが、もう少し噛み砕いた日常的なものは、２０１１年にグーグルが発表した次のものが現代のビジネスには合っていると思います。

グーグルによる「非常に効果的なマネージャーの8つの習慣（8 Habits Of Highly Effective Google Managers）」

1. 優れたコーチになりなさい
2. チームに任せて、マイクロマネジメントしないこと
3. 従業員の成功と幸せのために考えていることを表現しなさい
4. 生産的かつ結果志向でいなさい
5. 優れたコミュニケーションを取り、チームの話を聞きなさい
6. 従業員のキャリア開発を支援しなさい
7. チームのための明確なビジョンと戦略を持ちなさい
8. キーとなる技術を持つことで、チームを助けることができるようにしなさい

いかがでしょうか？　シンプルで当たり前のことですが、リーダーになる人間は日常的にこれらを実践すべきです。
グーグルのマネージャーの習慣とは異なりますが、私の勤務するＩＧＰＩではプロフェッショナルとして、そしてリーダーになるために、冨山和彦ＣＥＯが作った次の質問に常に答えることを求めています。

ＩＧＰＩの８つの質問

1. 心は自由であるか？

2. 逃げていないか？

3. 当事者・最高責任者の頭と心で考え、行動しているか？

4. 現実の成果に固執しているか？

5. 本質的な使命は何か？ 使命に忠実か？

6. 家族、友人、社会に対して誇れるか？

7. 仲間、顧客、ステークホルダーに対してフェアか？

8. 多様性と異質性に対して寛容か？

自分の仕事内容について、8つの質問には答えることができたでしょうか？ 自分の仕事について世の中で誰よりも深く考えていると思えることが力になります。

リーダー論において、「**リーダーはなりたいと思ってなるものではない、気がついたらなっているものだ**」と言う人もいます。しかしながら人には「時分の花」というものがあり、年齢ごとにふさわしいリーダーシップの形が現実にはあると思います。

ここでお伝えした内容を知っているのと知らないのでは、年齢を重ねたときに見える世界が違うと私は信じています。

第2部 実践編

1 企業や業界を大きな視点からとらえる

戦略的な分析を行なう

戦略は中長期的な目的を達成するためのシナリオであり、各場面における対応方法である戦術とは異なります。戦略的な思考方法については、ビジネススクールや書籍において様々な方法論が唱えられていますが、どれもこれも基本となるコンセプトは変わりません。

人間には経験に基づく直感的思考とロジックによる分析的思考の2つがありますが、これらを同時に行なうことは難しく、また2つの思考方法がバランスよくできているのが人間なので、どちらかに優劣があるわけではありません。ここでは分析的思考について考えていきます。

まずはビジネスの基本であるPDCAプロセス（Plan（計画）、Do（実行）、Check（評価）、Action（改善））について考えてみます。**PDCAにおける「計画」こそ戦略家の腕の見せ所です。**最初に戦略家の基礎となる分析について考えていきましょう。

分析とは、次の4つのプロセスから成り立ちます。このプロセスは順番に行なうというより、行ったり来たりしながらプロセスを互いにフィードバックすることによって分析の精度を上げていきます。

1. 仮説構築のための粗い情報収集
2. 仮説構築
3. 情報収集
4. 構造化
5. 検証

ロジカルシンキングに関する方法論が多くありますが、このプロセスは不変です。どんな時でも使うことができますので、意識して頭に入れます。

仮説構築の前に、ある程度の量のデータを素早く収集する必要があります。

素人と経験を積んだ戦略家との違いはデータ収集の段階において現れます。例えば、「**この会社について軽く調べておいて**」と依頼されるような初期的な企業分析であれば、定型的なリサーチ方法があります。

毎日のようにこうした企業分析を行なっているコンサルタントやアナリストと、初めて分析を行なう人間の初動の差は**「何を調べるべきか」を知っているかどうかと慣れです。**見るべき場所の勘所と小さな仮説を持って情報収集にあたるかどうかがポイントとなります。慣れている人間は、最初は一つの資料に深入りせずに、マクロの視点でざっくりと概観します。

情報収集では次のことに注意します。

情報収集における注意点

❶一次情報を手に入れる努力を怠らない
❷二次情報は作成者の意図が入るので、情報の調査前提を確認する

❸概要をつかむための情報収集は時間をかけすぎず、自分で制限時間を決めておく

❹企業財務データや経済指標はトレンドの把握のために時系列で収集する（事業によって固有の事業サイクルが存在する。例えば鉄鋼メーカーとアパレルでは事業サイクルが異なる等）

例えば業界分析であれば、実際には次のような資料にあたります。

業界分析で活用する資料

❶業界研究書・業界新聞等
❷業界を所管する政府機関のサイト（統計データ等）
❸業界団体のサイト（統計データ等）
❹アナリストレポート
❺業界を描いたノンフィクションや小説
❻業界関係者や専門家のインタビュー

資料は付箋を貼ったり、ノートにまとめながら読みます。業界団体に電話すれば知りたいことを聞けます。ノンフィクションや小説を読むと誇張等はあるかもしれませんが業界の雰囲気を知ることができます。

調査・分析を仕事にしているコンサルタントやアナリストは次のような有料の情報源を使っていますが、それらの情報にアクセスできなくてもインターネットと書籍でかなりの部分は調査可能です。

プロが使う一般的な企業調査ツールの例

❶日経テレコン
❷帝国データバンク
❸SPEEDA
❹ブルームバーグ端末
❺THOMSON ONE
❻S&P Capital IQ

また、景気動向を分析するための経済指標に関しては電子版日経新聞の「統計・指標」が見やすくまとまっています。**経済指標を見ると景気動向が自分の感覚と合っているかどうかがわかります。**また経済指標は景気動向に先立って現れる先行指標、景気動向と一致する一致指標、景気動向に遅れて反応する遅行指数があることに注意しましょう。経済予測という意味では先行指標を見るわけであり、例えば企業の設備投資に関する指標でも機械受注統計調査報告（内閣府）は先行、鉱工業指数（経産省）の稼働率指数は一致指数となります。

少し変わった指標にＶＩＸがあります。この指標は別名「恐怖指数」とも呼ばれ、Ｓ＆Ｐ５００を対象とするオプション取引の値動きをもとにシカゴ・オプション取引所がつくった「ボラティリティインデックス」ですが、**投資家が市場の先行きに対して不安を持つと数値が上昇します。**過去の最高値は２００８年のリーマンショックの時となっています。

例えば1日くらいで国内企業のX社を調べることにします。

情報収集はマクロから始めます。日本固有の論点（イシュー）に対する感覚をあなたはある程度は持っているはずなので、この段階では深掘りはしません。これはマザーマーケット（自国の市場）を調べる時の利点です。

これがもし海外の企業であれば、調査対象企業が事業展開する国固有の論点についても早目に検討する必要があります。例えば対象国が政情不安に陥っており、カントリーリスクが高まっているようであれば、そもそも投資ができないかもしれません。

国家固有の論点は**PEST**（Politics（政治）、Economy（経済）、Society（社会）、Technology（技術））という政治、経済、社会、技術の軸で考えると論点設定しやすいです。宗教的背景は「社会」ですし、GDP等の経済指標は「経済」に入ります。海外情報の概略は外務省のサイトやニュース検索で調べます。

カントリーリスクや国際情勢を調べる

❶The Economist
❷FOREIGN AFFAIRS REPORT(日本語版がある)
❸Foreign Policy
❹『The Military Balance』（IISSが出版）

最初にX社の定義を行ないます。X社がどんな事業を行なっていて、その業界では何位くらいで、どういった他社との違いがあるのか、といった内容です。

あなたは色々な分析フレームワークを聞いたことがあると思いますが、いくつも覚える必要はなく、基本は**3C**（Company、Customer、Competitor）です。Company（自社）はCapability（自社の力）と言い換えることもできます。

企業分析で迷ったらいつでも3Cに戻りましょう。つまり、自社の力は何か？顧客は誰か？競合はどこか？を考えます。

特に顧客は重要です。企業経営は顧客の創造や顧客の分析こそが根幹にあるからです。**企業経営に変化が起きている時は、顧客に変化が起きている場合も多いもの**です。その場合は対象顧客を変えるか、顧客の性質を変えることとなります。3Cのようなフレームワークは問いの設定を助けてくれるものです。

情報収集が十分であるとは、設定した問いに答えられることです。そして仮説の構築とは、自分で問いの設定を行なっていくものです。**「問い」、すなわち課題設定能力は分析能力の大きな部分を占めます。**

例えばX社のいる業界全体の成長が大きく鈍化しているのであれば、「顧客に変化があったのか?」や「業界に何らかの規制ができたのか?」といった仮説が考えられます。

仮説の検証とは「**AがBであればCなのだが、本当にAはBなのか?**」をファクト(事実)に基づき真偽を確かめる作業です。

分析において避けるべきことは何に答えるべきかわからない状態ですので、そのためにも**情報収集の段階から多くの仮説の構築が必要**です。これは頭の良さよりも、普段からの習慣付けや慣れの部分が多いものです。目の前の事象を当たり前だと思って見過ごさずに「本当にAはBなのか?」と考える批判的思考を持つという習慣です。

会計のイメージをつかむ

企業分析の3Cにおいて Competitor(競合)が出てきましたが、分析の基本は競合のような「何かと比較すること」だと言えます。ビジネスは次のような非常にシンプルな数式でできています。

売上-費用=利益

損益分岐点

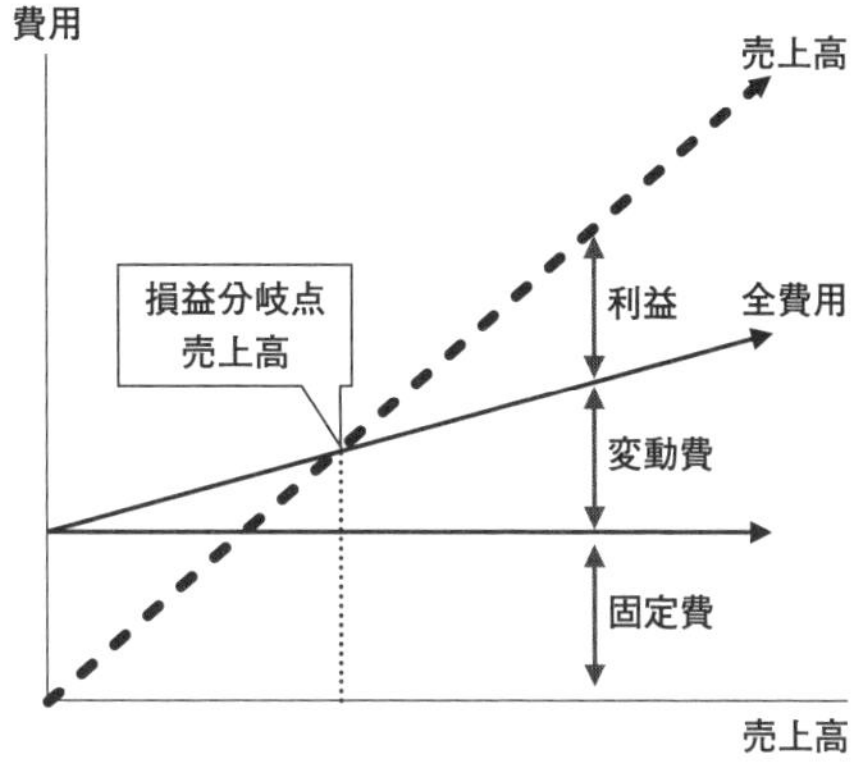

どんなビジネスでも利益を上げるためには売上を上げるか、費用を下げる以外の方法がありません。これはコンビニでも航空会社でも同じです。当たり前ですが、どんな会社でもこの軸で比較することができます。会計はどんな会社においても共通言語です。利益のためにどこまでコストを落としたら良いのか？という問いは次のようになります。

費用＝売上－利益

そしてどんな会社でも損益分岐は上記のようになります。

損益計算書（P/L）

	A	B	C	D	E
1					
2	損益計算書（例）				
3					
4	（単位:千円）		数式		
5	売上高	1,000		製品、サービスの販売額の合計	
6	売上原価	200		仕入原価や製造原価	
7	売上総利益	800	=B5−B6	=粗利	
8	販売費及び一般管	300		業務管理のための費用	
9	営業利益	500	=B7−B8	本業の儲け	
10	営業外収益	0		受取利息等	
11	営業外費用	100		支払利息等	
12	経常利益	400	=B9+B10−B11	日常の経営活動による儲け	
13	特別利益	0		臨時的な利益	
14	特別損失	0		臨時的な損失	
15	税引前当期純利益	400	=B12+B13−B14	税金計上前の利益	
16	法人税等	152		利益に応じた課税額	
17	当期純利益	248	=B15−B16	税金計上後の利益、B/Sの利益剰余金につながる	
18					
19	＊法人税率は38%と仮定				
20					

売上、費用、利益は財務諸表においてはＰ／Ｌで把握することができます。**このＰ／Ｌから想像力を働かせてどんな事業を行なっているのかイメージをつかむことが大切です。**その次に他社との比較を行なっていきましょう。

会計という共通の軸を使えば、様々な比較ができます。あなたも財務分析で使う売上成長率や売上利益率といった指標を知っていると思いますが、こうした指標は同業他社と比較することに意味があります。対象会社Ｘ社だけを見ていては、その利益率が高いのか低いのかわかりませんが、Ｙ社と比較し、その差異の理由を追究していくことが分析となります。その分析において便利な軸が会計です。

貸借対照表（B/S）の概念

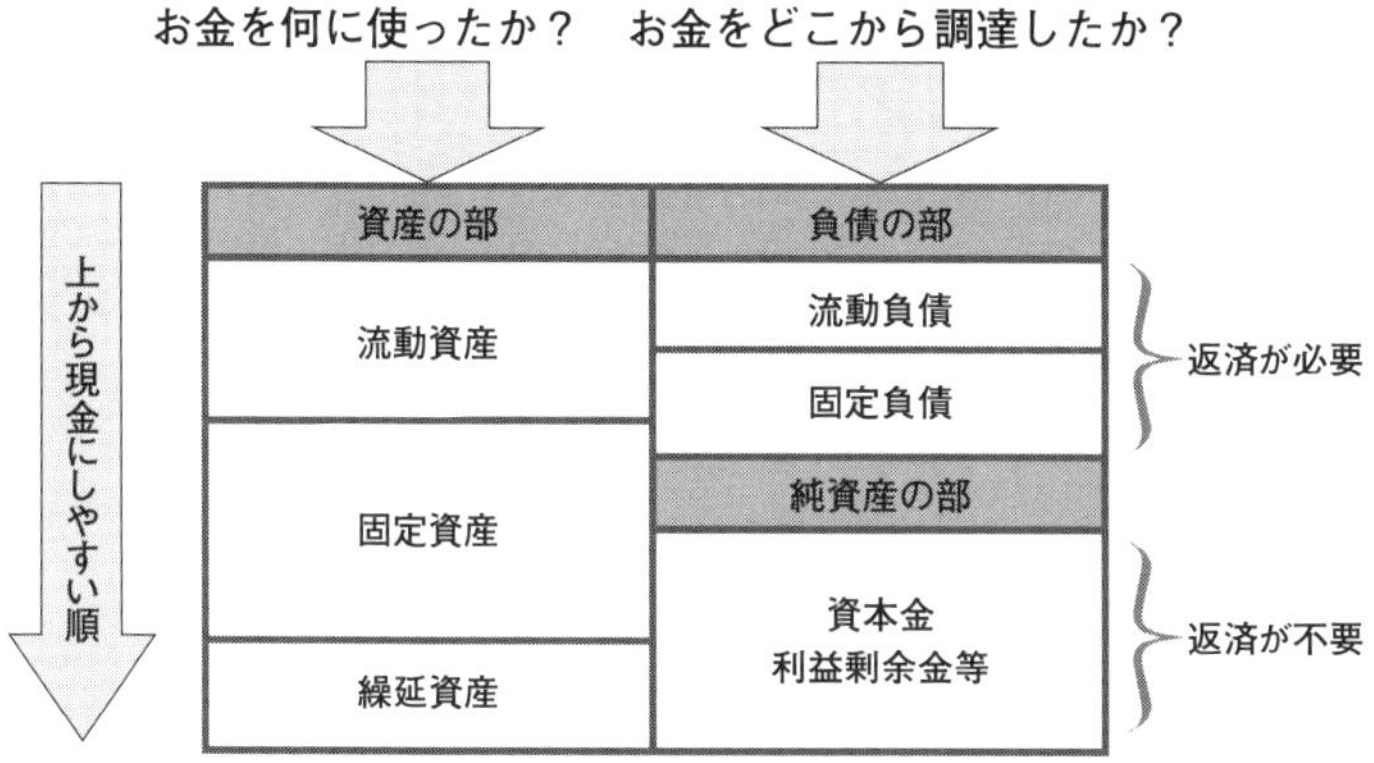

分析の基本は差異分析であり、P／LもB／Sも同一カテゴリーのものと比較することによって分析対象の特性を浮き彫りにすることができます。

業界トップ企業の各種指標をベストプラクティス（最善の事例）とし、トップ企業をベンチマークして、その数値の差は何によって生み出されているのかを分析することは企業分析の基本となります。

財務指標はいろいろありますが、次の指標は覚えておきましょう。

投下資本からの事業収益性はROICで見ます。

企業の稼ぐ力を見る指標

自己資本利益率(ROE)＝当期純利益／自己資本
ROEを分解すると次のようになります。

ROE＝(当期利益／売上高)×(売上高／総資産)×(総資産／自己資本)

じつは(当期利益／売上高)×(売上高／総資産)とはROA(総資産利益率)のことなので、ROE＝ROA×(総資産／自己資本)といえます。

ROIC＝NOPAT(＝営業利益×(1－実効税率))／(株主資本＋固定負債)

ROEを構成する総資産／自己資本とは財務レバレッジのことであり、自己資本比率の逆数なので、簡単に言えば負債つまり借金をすれば財務レバレッジは上がることになります。この式からは利益率を上げつつ上手く負債で資金調達をするとROEが上昇することになります。過去20年のROEの日本企業の平均は約5％、米国企業は12％程度、10％を超えれば優良企業とされます。

売上高営業利益率＝営業利益／売上高×100(％)

本業の稼ぐ力であり、他社との比較に利用しやすい指標です。

売上高成長率

事業の成長を見ることができます。事業計画作成の際に重要な経年の指標です。

企業の「余裕」を見抜く

収益性が悪化した企業の財務安定性を見る場合は、実務的には資金繰りを詳細に検討すべきですが、次の指標からも短期的な安定性を見ることができます。

流動比率＝流動資産／流動負債

流動負債は1年以内に支払期限があり、企業の短期的な支払能力を見ることができます。目安として100％超は必要とされます。

手元流動性比率＝（現金預金＋短期有価証券）／月商（＝売上高／月数）

企業の資金繰りの余裕を見ることができます。目安として1・5ヶ月以上は必要とされます。

各指標のベンチマークは自社の同業他社の分析だけでなく、自社の手掛けていない新規事業開発においても自社の力（Capability）を考慮した上で、新規事業を①買収するか、②借りるか（JV、提携等）、③自社でつくるか、のどの選択肢をとるか検討する際に使えます。

分析において比較する際には**同一カテゴリーであることが必要**であり、りんごはりんごと比較し、りんごとみかんを比較してはいけません。同じカテゴリーなのかという「定義」が意味を持ってきます。異なった顧客市場をターゲットにした企業を比較してしまうというミスを避けるようにします。

同じ市場をターゲットにした同じカテゴリーの企業であれば、X社とY社の利益率を比較して、そこに差異があれば両社の費用をブレークダウン（細分化）し、同じ市場をターゲットにしているなかで、どこに違いがあるのかを追究することができます。

この際のブレークダウンは「会計」を使います。**会計はルールが決まっており、勘定科目のブレークダウンが「モレなくダブりなく」できている**ためです。

売上高－費用（販管費及び一般管理費）＝営業利益

販管費及び一般管理費とは、広告宣伝費、販売手数料、通信費、交際費、人件費、貸借料、光熱費、保険料等といったものになります。

X社が競合と比較して、**同じ売上高で営業利益率に差異があるのであれば、費用（販管費及び一般管理費）の何かが違うはず**です。それを追究することが分析です。

一般的に、戦略系コンサルティング会社はほぼP／Lを中心に戦略を組み立ててお り、特に営業利益までしか考えず、その下にある特別損益を扱いません。一方で銀行や投資銀行はP／Lの営業利益の下も扱い、B／Sを重視します。戦略系コンサルタントは会計の仕訳や勘定科目の知識が乏しいことが多いですが、現場では簿記や仕訳の知識は必要です。事業会社や銀行の人が戦略系コンサルティング会社の提言にリアリティのなさを感じてしまうのは、会計やファイナンス実務の知識が不足していることが原因です。

簿記は会計の基本であり、メディアでの報道を見ると記者や政治家でさえ、こうした基本的知識がなく議論をしていることがあります。例えば「内部留保を吐き出せ」や「準備金を取り崩せ」といった主張も、会計の基本がわかっていれば、すぐに外部に出せる現金（利益剰余金）があるわけではないことが理解できるはずです。

株式市場は参加者の見方で決まる

証券会社のアナリストレポートなどでは、セクター（業界）ごとに企業が分類されており、企業によっては同一セクターに入れることに違和感のあるものもあります。りんごとりんごが比較できていない例です。実際に企業経営上の戦略を立案する際にはそこまで細かく考えるべきですが、株式市場でのセクターに関しては、株式を売買する市場参加者がどう見ているかが、セクターの定義を決定していると考える割り切りが必要になります。

「マーケットコンセンサス」という言葉がありますが、これは市場参加者の多数の平均的な予想という意味です。これも事象に対する真偽はともかくとして、市場がどう見ているかを重視しています。経済指標や株価についても、マーケットコンセンサスでの予想より高かったか低かったかによって市場が動きます。つまり美人投票の結果を予測できることが市場では意味を持ちます。なお、インターネット上で見ることのできるエコノミストのマーケットコンセンサスに「ＥＳＰフォーキャスト調査」があります。

企業分析における注意点ですが、単一事業だけを行なっている企業は珍しく、普通はいくつかの事業に分けることができるものです。そのため、例えば「A事業ではY社と比較すべきであるが、B事業ではZ社と比較すべき」ということもあり得ます。もちろん事業ごとに業界での売上順位も変わってくることでしょう。その場合はより近いものと比較を行ないます。これは企業価値評価（バリュエーション）によっても論点となり、企業を分解して類似事業同士を比較する手法をサムオブザパーツ分析(Sum of the Parts Analysis) と言います。

分析の基本は、

「定義して、測定せよ」

であり、マネジメントをシンプルに言えば、

「定義して、測定し、改善せよ」

ということになります。たとえ人事制度だとしても、定義していないものは測定できないので、「〇〇スキルをアップせよ」と言うのであれば、〇〇の定義が必要となります。

この「測定」においては次の方法が便利です。

①数値をパーセンテージ（百分率）にする
②指数化する（ある数値に対して基準値を設定し、その差を示す）
③相関関係を表す

相関関係と因果関係を区別する

2つのデータとデータの相関関係を見るときには回帰分析を使います。2つ以上の場合は重回帰分析となります。回帰分析では予測したい変数を目的変数（従属変数）と呼び、目的変数を説明するものを説明変数（独立変数）と呼びます。回帰分析は説明変数を入力すると目的変数が算出される数式を求めるものであり、Y＝aX＋bという式になります。

回帰分析は例えば築年数と不動産価格といったデータの相関を求めることができますが、実務的にはエクセルで２つのデータをＣＯＲＲＥＬ関数に入力することで相関係数を算出することができます。

同様にエクセルでデータからグラフの散布図を選択し、生成された散布図の点を右クリックして、「近似曲線の追加」→「線形近似」を選択し「グラフに数式を表示する」と「グラフにＲ‐２乗値を表示する」によって数式と近似曲線を算出・表示させることができます。

相関関係を使用する際は、相関関係と因果関係の違いに気をつけます。相関関係があっても因果関係が必ずあるとは言えません。相関関係は２つの変数に関係があることを示していますが、必ずしも原因と結果の関係にあるわけではありません。相関関係は前提であり、そこに因果関係があるかを検討します。

2 戦略提言を分かりやすくプレゼンする

データを整理し加工する

先述のような加工をすれば、収集した情報（データ）を理解しやすく整理することができます。財務分析ではパーセンテージをよく使います。こうして整理したデータはパワーポイントのスライドにメッセージをつけてチャート（グラフ）にすることができます。

作業の進め方は、情報収集を行なったら、軸を設定し、データはエクセルで加工し、パワーポイントにチャートとして加工するというプロセスになります。スライドにはチャート（グラフ）から「何が言えるのか？」というメッセージを書きます。

スライドのテンプレート例

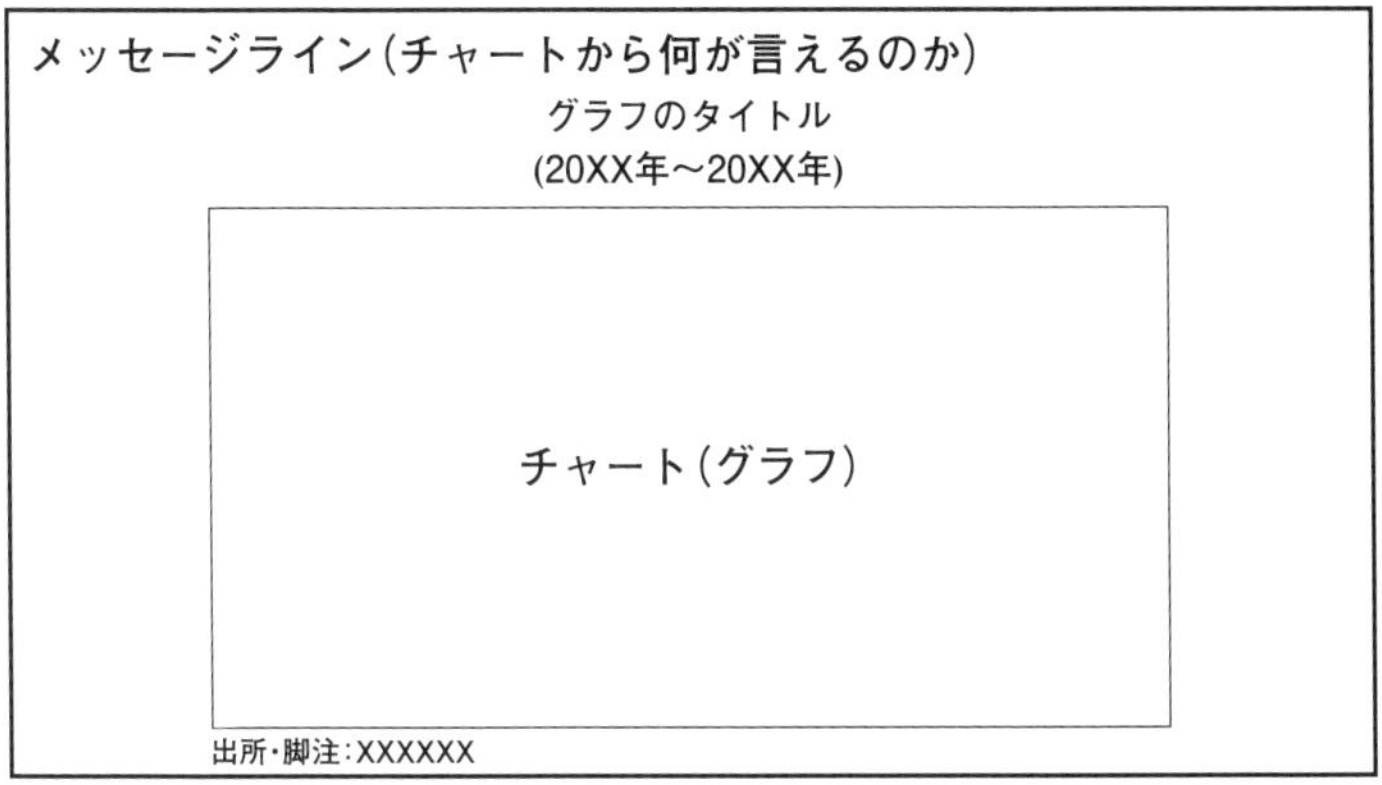

加工したスライドは次のことを確認します。

①データにあったチャートが使用されているか？

②１つのメッセージがデータを論理的に説明しているか？

③データの時間軸（年、期など）とメッセージの時間軸が合っているか？

④データの出所、推計の前提が記載されているか？

データと適切なチャートの例

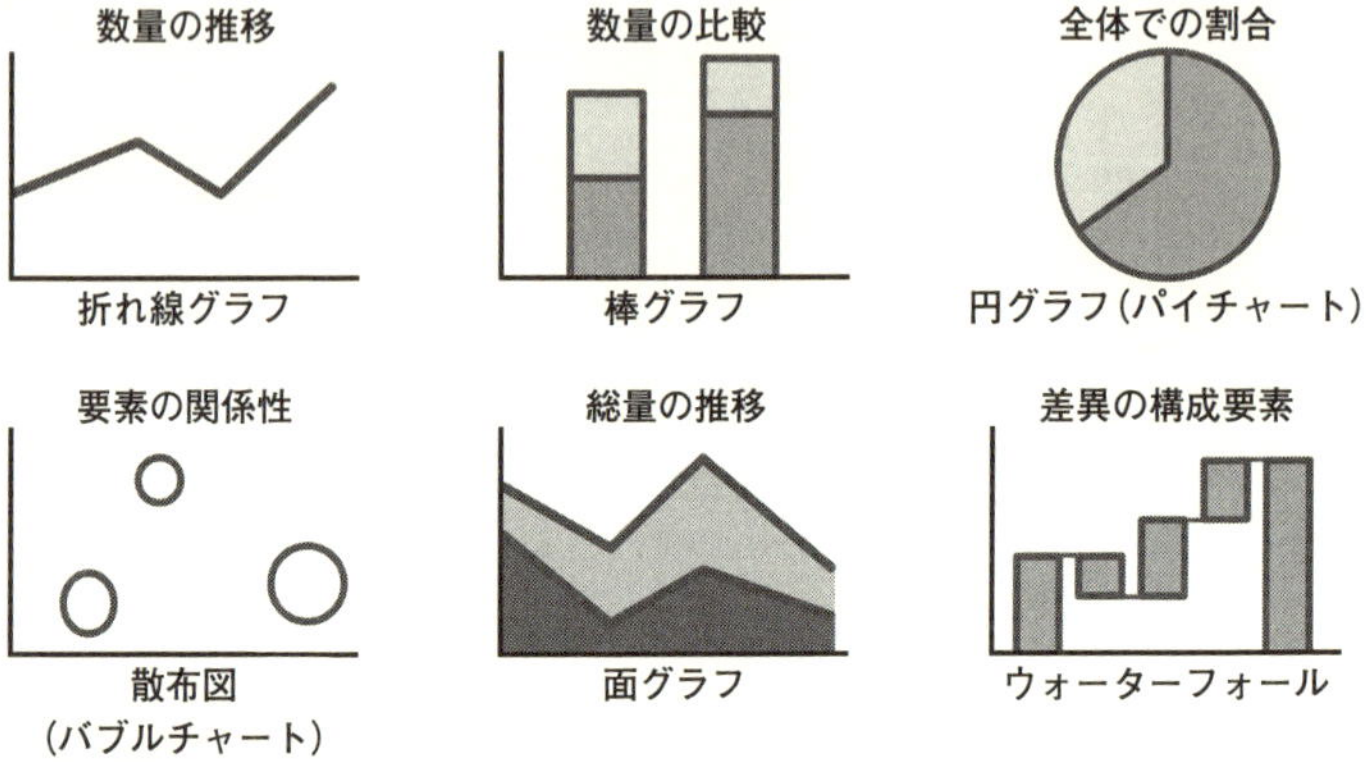

①のチャート（グラフ）は上の対応表のように適切なものを選択します。

仮説構築と情報収集の次は構造化（モデル化）について考えてみましょう。構造化には定量的な表現と定性的な表現があります。

まずは定量的な表現ですが、**構造化を可能な限り進めていくと、最後は数式になります。**数式が最もロジカル（論理的）な表現だからです。これは経済学における各種理論が数式で表現されることと同様です。経営学の各論点もミクロ経済学において数式で表されています。一方、**数式で表現できないものはロジック**

に何か曖昧な要素が残ったままになっているとも考えられます。

ロジカルシンキングの大切さが叫ばれて久しいですが、考え方の基礎となっている論理学では、社会常識や経験則から導かれる要素を「推測」とし、論理から導かれるものを「推論」として区別しています。ビジネスにおけるロジックはこれが混同されている場合が多いものです。

先述のように、あなたも知っている最もシンプルなモデルは、売上－費用＝利益であり、モデルは数式でできているので、次のように数値を入れることができます。

売上（10）－費用（7）＝利益（3）

もしも業界の利益の平均が40％なら利益を4にすることを考え、費用を7から6に下げるためには何ができるかという施策を追究することになります。これは単純化した例ですが、製品別P／Lにしてもプロジェクト別採算にしても同じです。競合のベンチマーク以前に社内の相対的不採算事業や製品を見つけるべきです。かなりの大手企業でもこれを行ない、事業や製品の入れ替えを機動的に行なっている会社は稀です。

モデルの数値を動かすことで、仮説を検証することができます。モデルの式には説明変数と目的変数が入り、原因となる要因が説明変数であり、その結果が目的変数となります。例えば、周囲の人口（説明変数）と百貨店の売上（目的変数）のような関係であり、周囲の人口が増えれば百貨店の売上が上がるという関係です。また、実際のビジネスの現場では制約条件があるため、どの数値が所与であり変数であるのかを把握することが必要です。

コンサルティング会社の採用面談でよく使われるフェルミ推定もモデル化の一つと考えられます。フェルミ推定は「**日本には電信柱が何本あるか？**」といった問題を、数分間で仮定を基に推定するものです。

一目でわかる財務モデルを作る

財務モデルとは、前提条件の入力によって、損益計算書（P／L）、貸借対照表（B／S）、キャッシュフロー計算書の財務三表を連動させてエクセルで自動的に計算するものです。財務モデルは事業計画のシミュレーションや企業価値評価に使用する管理会計ツールの一つです。管理会計は経営のために企業内部向けにつくるものであり、財務会計は会計基準に則り株主や債権者への開示のために作成するものです。

実際の財務モデルは、前提となる販売計画や人員計画がエクセルに各入力用シートとしてあり、数値を入力すると出力用シートのP／L、B／S、キャッシュフロー計算書が自動的に動くようになっています。例えば売上高は顧客数×顧客単価であり、顧客数は既存顧客と新規顧客に分けられます。こうして分解した各指標をドライバーと言いますが、前提であるドライバーの数値を入力することによって財務三表に出力されるようにつくります。

財務モデルを作成する際には次の点に注意します。

財務モデル作成の注意点

❶ 各シートには必ず名前をつけて、計算内容がわかるようにする
❷ シートに記載した項目は時間的、論理的に左から右、上から下に流れるようにする
❸ 使用する色は2色以下にする
❹ 数式はできるだけ短くし、マクロはなるべく使わない

❺数式の中に数値を絶対にベタ打ちしない
❻単位を必ず記載する（通常は百万円、千円、円、K＝千、M＝百万、B＝10億）
❼印刷範囲の背景色は白にする
❽日本語はMSPゴシック、英数字はArialを使用する
❾データや資料の出所を明記する
❿印刷設定を行なっておく

マトリックスで比較する

次は定性的な構造化について見てみます。ここでの**「定性的」とは数値で表せない情報**を指します。パワーポイントのスライドを使った資料にも言えることですが、情報の構造化において適切な軸を用いることが必須です。数値化ができない定性的な情報も軸を用いることで整理されます。

定性的な構造化を行なう際に便利なのは2×2のマトリックスです。

マトリックスによる構造化は慣れの部分も大きいので、事象に対する軸をとりあえ

軸で切った2×2のマトリックス　定性的な比較スライド例

	イヌ	ネコ
好きな食べ物	肉	魚
好きな場所	庭	コタツ

ず2×2のマトリックスに単純化してみるのもよいでしょう。

実務的には複雑すぎる定性的なマトリックスはメッセージが多くなりすぎて、見る人にうまく伝わらないことがあります。

そうした場合はスライドのメッセージラインでしっかりとメッセージを伝えましょう。

バリューチェーン

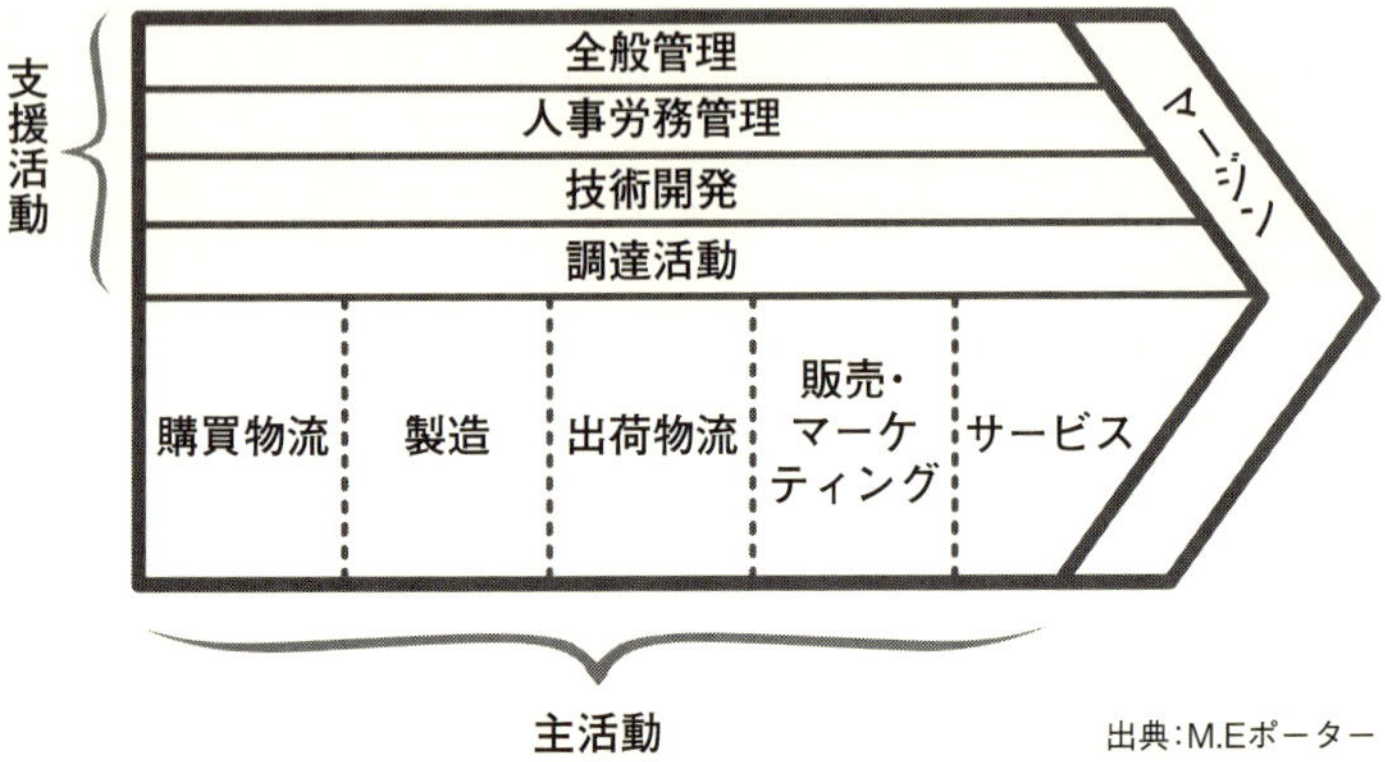

構造化して整理する

事業の見方として、バリューチェーン（ビジネスの仕組み）で構造化するとうまく整理されます。

世の中にあるビジネスの「フレームワーク」と呼ばれるものは構造化における軸の事例だとも考えられます。

フレームワークは上手に使えば効果がありますが、万能ではありません。人は金槌を持っていると何でも釘に見えてしまう傾向があるので、フレームワークに固執するのは避けるべきです。

プロダクト・ポートフォリオ・マトリックスPPM

プロダクト・ポートフォリオ・マトリックスの例

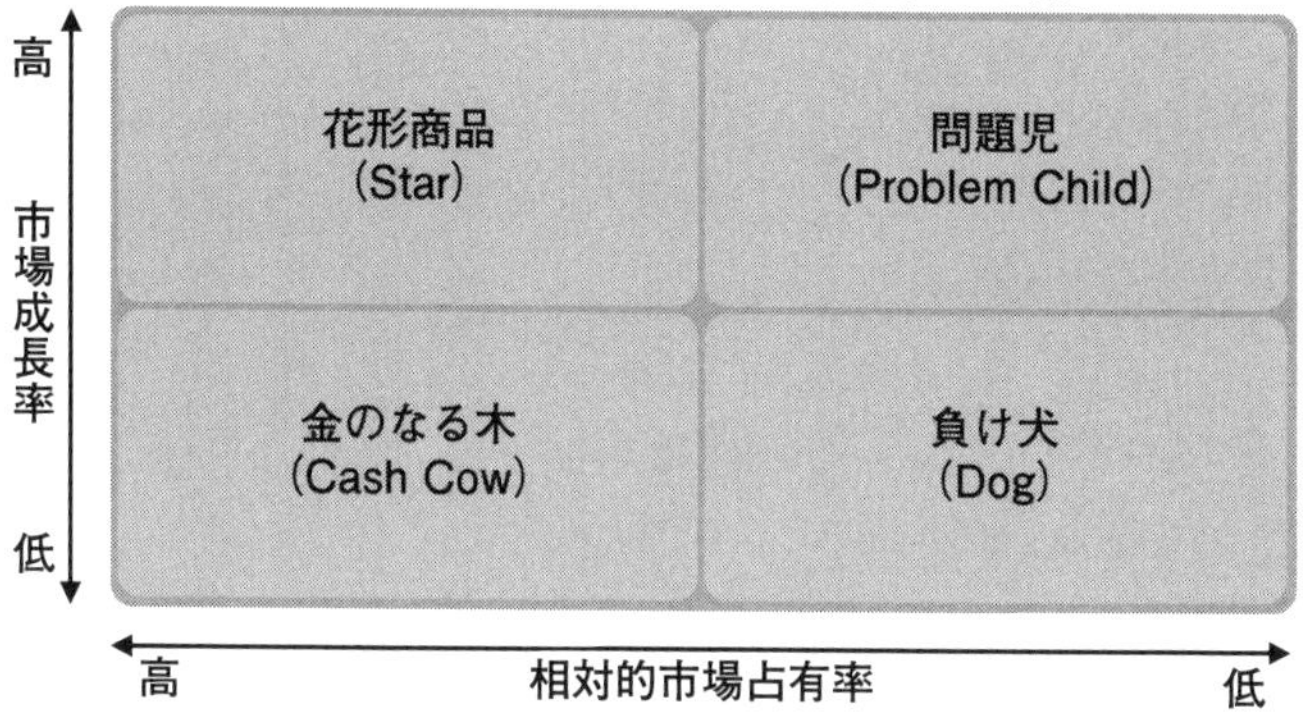

事業ポートフォリオを整理する

一つの企業は多くの事業を営んでいることが多いものですが、ボストンコンサルティンググループの発案したプロダクト・ポートフォリオ・マトリックス（PPM）は事業ポートフォリオを整理する際に便利なフレームワークの一つです。PPMは時間による事業のポジションの変化を示すとより有用です。

他に覚えておくとよいフレームワークとしては、コトラーのマーケティングのプロセスであるRSTPMMICも覚えておくとよいでしょう。

コトラーのRSTPMMIC

①R＝調査・Research

仮説を持って市場調査を行ないます。「この市場にはこんな問題があって、この問題を解決したら対価を払ってもらえるじゃないか？」という仮説です。

②STP＝セグメンテーション・Segmentation、ターゲッティング・Targeting、ポジショニング・Positioning

潜在的な顧客を区切り、自社にとってのターゲットの優先順位を付け、そのターゲットに対する自社のポジショニングを明確にします。

③MM＝マーケティング・ミックス・Marketing Mix（4P）

ターゲットである顧客に自社の製品を訴求するために、製品(Product)、価格(Price)、販売チャネル(Place)、プロモーション(Promotion)の設計を行ないます。

④I＝実行・Implementation

⑤C＝管理・Control

実行した施策について検証を行ないます。

ブレークダウンで論点を発見する

分析においては論点の発見のためにブレークダウンを行なっていきます。ピラミッドストラクチャーと呼ばれる階層構造を下に降りていくイメージです。

構造化においては論点の大小を意識してラベリングを行なっていきます。これは議事録を取る際と全く同じです。下手な議事録は見出しの大小、論点の大小がバラバラで揃っていないものです。議事録を作成する際にも頭の中にピラミッドストラクチャーをイメージしましょう。

意思決定のピラミッドストラクチャー

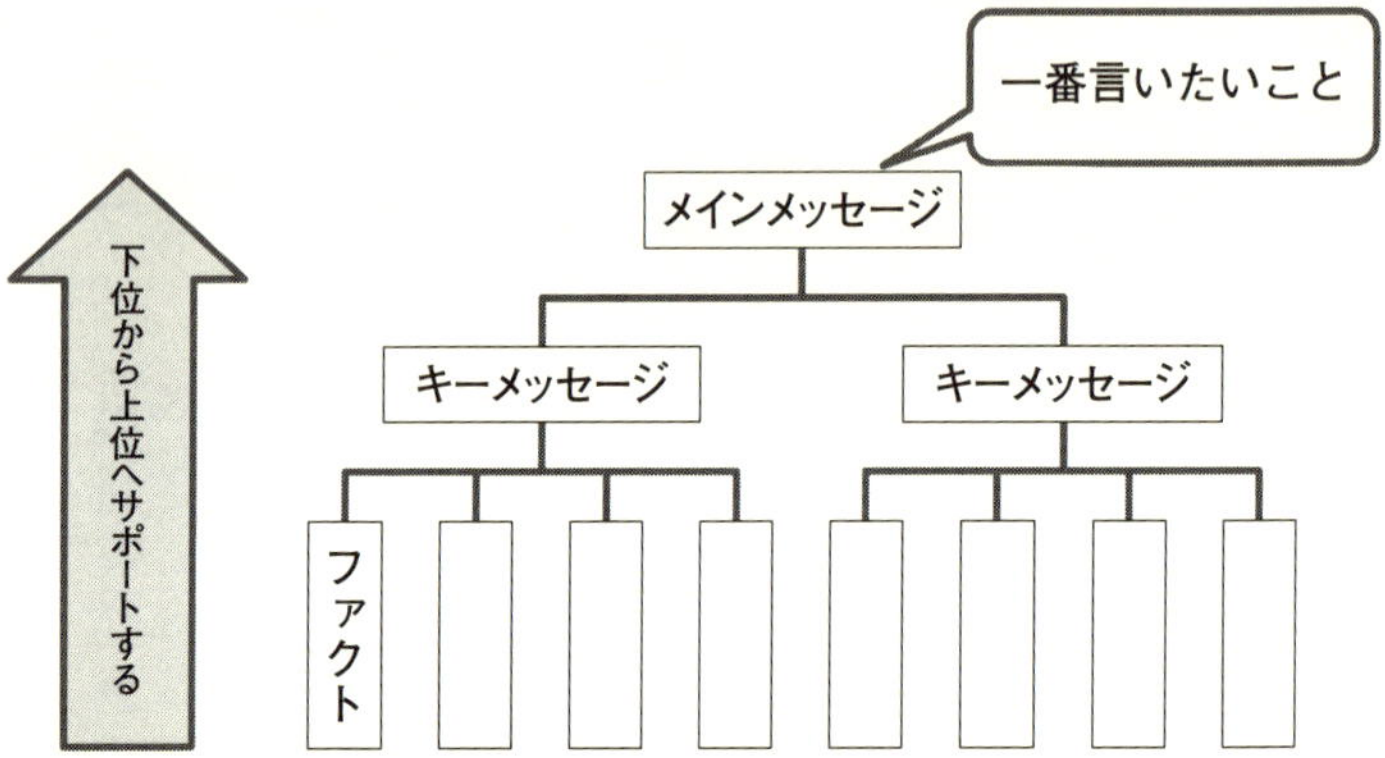

資料にも構造がある

ビジネスの意思決定のために何かの資料を用意するとします。資料のあるべき姿は、スライドが全体としてピラミッドストラクチャーになっていて、下位のメッセージが上位のスライドのメッセージをサポートしている状態です。並列になっているスライドはモレなくダブりない状態（MECE＝ミーシー）が望ましいです。下位にある複数の事実から上位の結論が導かれているので「帰納法」による論理構成といえます。

帰納法が出てきましたので、もう一つ

帰納法

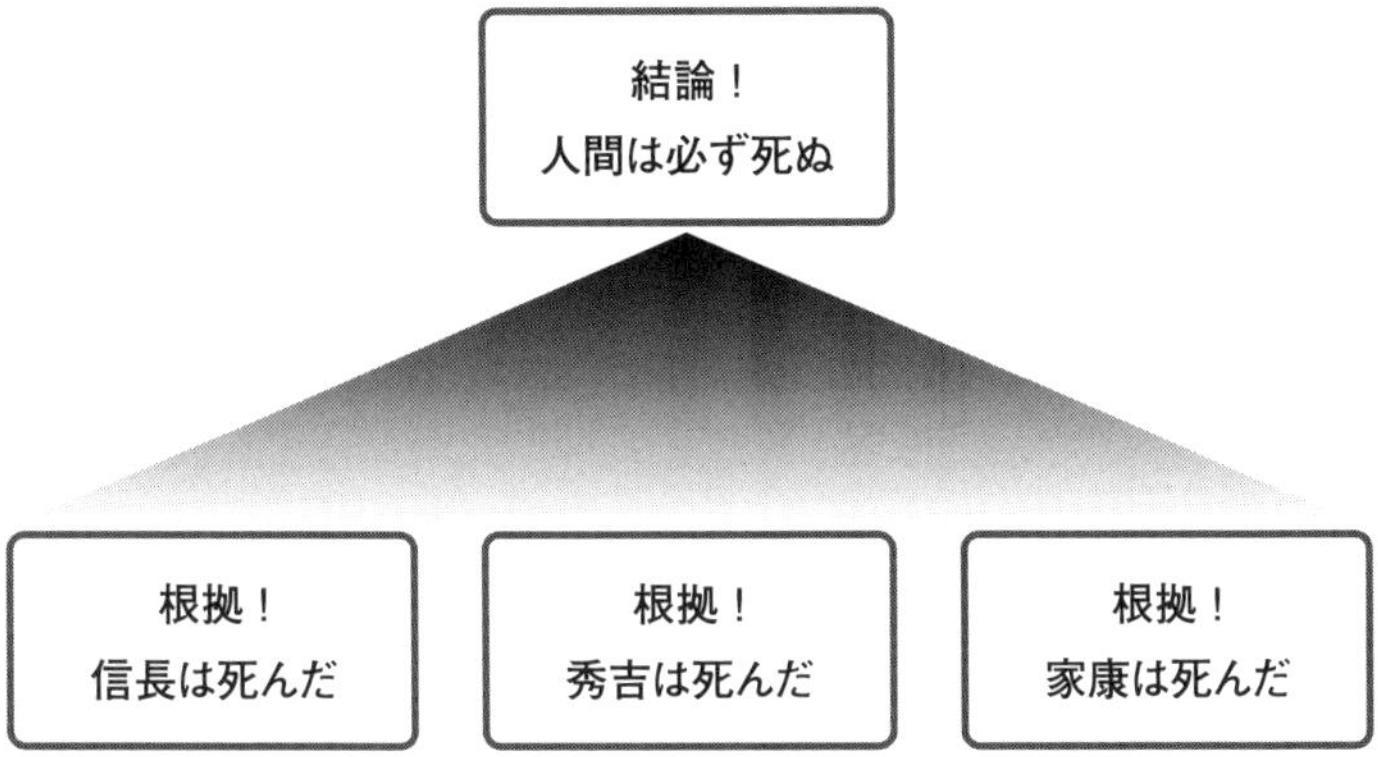

の論理構成である「演繹法」について触れておきます。演繹法は「AならばBである」を積み重ねて結論を導く論理構成です。演繹的推論の例として次のような三段論法があります。

大前提　「すべての生き物は必ず死ぬ」
小前提　「マイケルは生き物である」
結論　　「マイケルは必ず死ぬ」

「AならばBである」に対して「BでないならばAではない」を「対偶」と呼び、「AならばBである」が正しければ対偶も正しくなります。また、BならばAであるを「逆」と呼び、「AでないならばBではない」を「裏」と呼びます。

また、論理的に推論を進めるにあたって重要な考え方に「議論領域」があります。「ボールを投げると落下する」
これは議論領域が地球上なら正しいですが、宇宙空間なら正しくないでしょう。極端な例ですが、議論領域の設定によって論理の真偽は変わってきます。

帰納的なピラミッドストラクチャーで下位のメッセージが上位のメッセージをサポートしている際に、実務的に下位のメッセージは、「**どこまでMECEであるべきなのか？**」と疑問に思うかもしれません。売上のブレークダウンのように数式でMECEになるものもあれば、定性的な事象のブレークダウンのように、できる限りモレなくダブりない状態でロジックを組む意識を持つべき、といった心がけレベルのものもあります。ビジネスに関するブレークダウンのMECE度は決まったものも多く、パターンを知っているという要素が強いです。実務的にはMECEは意識として「できる限り」とし、新製品開発のように「飛んだアイディア」を考える時には、その幅を自分で変えていくことになります。

ピラミッドストラクチャーの一番上には、一番言いたいメッセージが来ます。資料

ビジネス論点のブレークダウン（例）

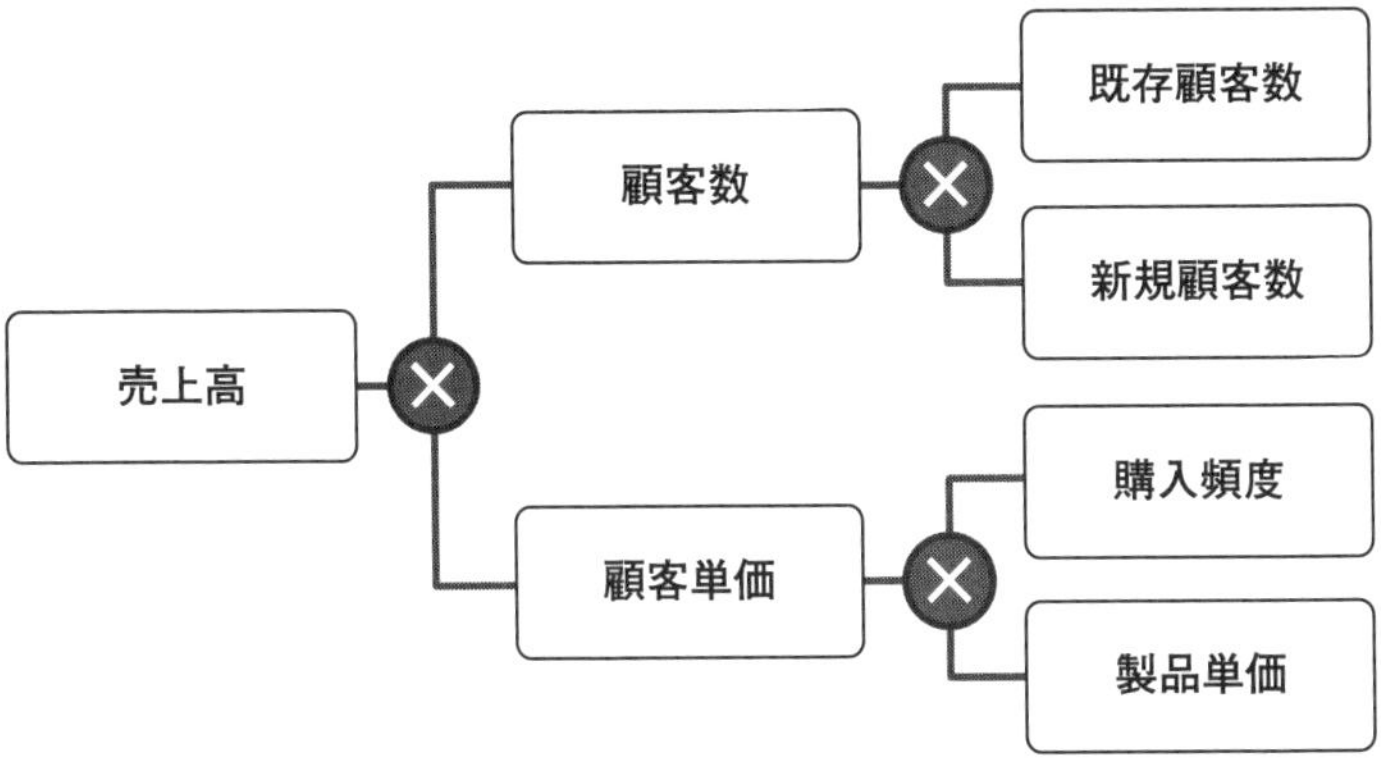

においては最初のページに来るエグゼクティブサマリー（分析で一番言いたいこと）の部分です。あなたがもし戦略家として何かの提言をする際、資料は数百ページにわたったとしても、提言を受けた人はエグゼクティブサマリーを見ればやるべきことがわかる、というのが理想です。

戦略家としての表現を心がける

戦略家として意思決定のための分析を行なった際の表現方法としては次のことに気をつけましょう。

戦略家としての表現方法

❶ 結論から述べる

❷「AプランとBプランがあるが、自分はAプランが良いと思う、何故ならCであるから」と、必ず自分のポジションを取って言い切る

❸ Pros（メリット）、Cons（デメリット）で整理する

❹ アクションプラン（施策）は実行可能性×インパクトで整理する

❺ 論点はナンバリング（数字を振る）、グルーピング（集合をつくる）、ラベリング（集合に名称をつける）する

せっかく精緻な分析を行なっても、②のように自分でポジションを取って提言し実行しなければ意味がありませんし、そうした勇気のない人は戦略家には向きません。

ここまでの考え方を整理すると、PDCAプロセス（Plan（計画）、Do（実行）、Check（評価）、Action（改善））において、計画段階では次のようになります。「こうではないか？」という仮説をつくりながら情報収集を行ない、出てきた事象について構造化し、検証を行ないます。

そこで出てきた分析結果について実際のアクションプラン（施策）を実行可能性×インパクトで整理します。よくアクションプランはどこまで具体的にすべきかという質問がありますが、実務においては「**実行を行なう担当者が理解できるまで**」だと言えます。そのためプランの複雑さ、担当者の理解力等を考慮に入れる必要があります。良いプランを作ったけれども担当者が無能で実行されなかった、というのは戦略家の怠慢です。

このように計画が立てられたらDo（実行）、Check（評価）、Action（改善）を行ないPDCAをサイクルとしてまわしていきます。

「計画なんていらない、行動あるのみ」という経営者も存在しますが、方向性を誤らないための計画は必要です。計画は創造性を阻害するものではありません。

一方で官僚化し無謬性を重んじる大企業にありがちですが、**当初の計画に固執することも避けるべき**です。計画は60％程度でも将来予測が当たっていれば良いほうであり、評価と改善を繰り返し、状況変化に応じて、計画と実績の乖離は何の要因によって生じたのかを追究していきます。計画は生ものであるという感覚です。

形だけのデータを大量につくる人がいますが、紙芝居をたくさんつくったところで紙の無駄です。本質的には**動かすべき意思決定者に1枚の紙だけで行動に移ってもらえればよい**のです。本質的な価値を追求しましょう。

ここまではあなたがこれからずっと使える思考法や分析方法について解説してきました。世の中では色んな名前で同じ様な手法が解説されていますが、基本は変わりません。しっかりと型をマスターしてからクリエイティブに型破りになりましょう。

最後にまとめとして、私がＩＧＰＩの新人に言っている分析と実行の基本を記載します。

1．仮説を持ち、定義して測定し比較をせよ

2．イシュー（論点）を分解して原因追究せよ

3．軸を持ち構造化せよ
4．インパクト×実現性を考え、統合的な打ち手を実行せよ

数字で話をする

日常からできる戦略家の基本に、数字で話をするというのがあります。分析において定量的に構造化することも大切ですが、日常においても数字で話をすると明確になります。

例えば企業のカスタマーサービスの効率性を調査する際に、次のような聞き方をします。

> 【明確ではない例】
> 「午前中はお客さんから、どれくらい頻繁に電話がありますか？」
> ―「午前中はそんなに多くないですね」

【望ましい明確な例】

「午前9時から12時の間は1時間ごとに何回の電話がありますか？」

――「午前9時から12時の間は、1時間ごとに10回くらいです」


どちらがより具体的に回答が得られるかは明白です。しかしながらビジネスの現場では前者のような曖昧な会話がなされることがよくあります。特に人々のバックグラウンドの異なる海外では曖昧さを回避したいものです。数字で会話できるところは数字にして明確化すべきです。

ざっくり計算してみる

ビジネスの現場では売上や投資の金額が1億円なのか100億円なのかといったざっくりとした規模感を把握することが必要な時があります。経営者などの意思決定者に助言する際も「**だいたいどれくらいのサイズ感の話をしているのか？**」が重要です。ここでは121億円と122億円のような差よりも、ざっくりとしたサイズ感の把握を優先します。

ビジネスのリアリティチェックを行なう際にもフェルミ推定のようにざっくり計算します。例えばベンチャー企業や新規事業では、売上を10億円に到達させるまでが難しいのですが、この場合は顧客が月々1000円払うサービスだとしたら、

・顧客1人の売上は月1000円

顧客1万人で月々1000万円の売上、年間で売上1億2千万円

・売上10億円にするには、

顧客10万人で月々1億円の売上、年間で売上12億円

これをもとに、「顧客1万人くらいならいけそうだけど、10万人を獲得するのは大変そうだな、10万人までどれくらい時間がかかるのか？ それとも価格を上げられるか？」と考えます。

あなたのところにベンチャー企業が投資をしてほしいと来たら、プレゼンテーション資料を見て、数秒でこんな計算をして質問をするのです。そうすると顧客獲得の可

能性や価格の妥当性などのリアリティチェックができます。

これは、あなたの部下がつくってきた資料に関しても、「**こんなに売上が大きいはずはない**」や「**こんなに価格が高いはずはない**」といった感覚を持つことでミスを見つけることができます。リアリティチェックの習慣を持ちましょう。こうしたざっくりの数字（概算値）のことを英語では「Ballpark Figure」と言います。

企業価値の割安・割高の感覚もPERやEBITDA倍率の業界平均を知っていればざっくり計算で把握することができます。プロフェッショナルはこうしたマーケット感覚を持っているものです。

なお、四則計算を高速化するためには、簡単なことですが、15×15＝225や25×25＝625といった計算を覚えておくと便利です。

あなたのメッセージは、30秒でまとまるか？

意思決定におけるピラミッドストラクチャーの一番上には、一番言いたいメッセージが来ますが、日常での他者とのコミュニケーションにおいてもそれは変わりません。

一番伝えたいメッセージは何なのかを理解した上でコミュニケーションします。

これは言い換えると「**一言で言うと何なのか？**」という問いになります。

戦略家のあなたがたまたまエレベータで、提案をしたい企業のCEOと一緒になったとします。何を伝えますか？ 極めて短い間で言いたいことをプレゼンテーションすることをエレベータピッチと言いますが、実際のビジネスシーンにおいても、重要人物ほど多忙で時間が取れないものです。私もカンファレンスやパーティで重要人物が移動する一瞬を捉えて「30秒ください」と言って話をすることがあります。

ビジネスで伝わるコミュニケーションというのは次のようなものになります。

①結論が最初に来る

②一番言いたいことから優先順位がついている（トップヘビー）

③話す人間のポジションが明確

口頭でもメールでもたったこれだけが満たされるだけで伝わりやすくなります。一方でこれができていないとコミュニケーションとして伝わりにくいものです。

3 戦略家のメディアリテラシー

アイディアに詰まったらアナロジーで

ビジネスにおいて付加価値を出すための方法に業界や場所を移動させるというものがあります。これは東京で当たり前のことをバンコクで行なったり、自動車業界で当たり前のことをアパレル業界で行なったりすることです。

こうした地理間、業界間の転移はコンサルティング業界では古くから行なわれており、1980年代の日本では米国系のコンサルティング会社が日本企業の成長要因を調査し、米国企業に紹介していました。現在であれば、日本企業がイノベーションの秘訣をシリコンバレーのベンチャー企業に学ぶといったところでしょうか。

新規事業開発等でアイディアに詰まったら「**他の業界ではどうなっているのか？**」

や「**他の場所ではどうなのか？**」とまず考えるようにします。また、「**似たものは何か？**」と考えてみます。こうした類推をアナロジーと呼びますが、グループで行なうブレインストーミングにおいては強力な武器になります。類推によって意図的に論理を飛躍させ新しい発想を導きます。論理の飛躍なのでもちろん論理的ではありませんが、それをわかった上で使います。飛躍という意味ではブレインストーミングでは極論してみることも有効です。「もしも〇〇がなかったら」や「もしも〇〇が無尽蔵に使えたら」といった感じです。

新しいアイディアは飛躍から生まれ、その実行においては緻密なロジックに戻るものです。今では医療の手術現場にロボットアームが入り、複雑な手術の際に、医師に拡大された視野と手術環境を提供しています。こうしたロボットアームの技術が最初に発展したのは宇宙空間や海底でした。宇宙にあったものが病院の手術室に入って来たのです。こうした転用を考え出せることがアナロジーを使った思考法です。新しいアイディアは既存の分野や領域の新しい組み合わせから生まれます。

地球儀で考えてみる

職場でも、メディアでも「**グローバルに考えよ**」といった呼びかけは多いものですが、どういったマインドセット（思考様式）を持っていれば良いのでしょうか。ここからはグローバルにビジネスを行なう方法論ではなく、マインドセットについて考えていきたいと思います。

「グローバルに考える」は思考の広さです。ビジネス上の目的を達成するために日本だけのパーツで考える必要はありません。例えば、日本企業が東南アジアの既存顧客に対し新製品を提供する際に、米国西海岸とイスラエルからライセンス取得してきた技術を組み合わせて、台湾の工場で製品を生産し、シンガポールの統括する販売拠点から製品を供給しても良いわけです。

こうしたビジネスの目的に最適化された組み合わせを「**地球儀の上で**」考えることのできるマインドセットを持つべきです。目的達成のためにバリューチェーン上で必要なパーツの選択を考えた際に、日本以外への好奇心、そして知識・知見がなければそこで思考停止になってしまいますので、普段からの知識のインプットは必須です。

日本は比較的、自国の市場が大きく、国内生産能力もあったために内需だけでビジネスが可能な企業が少なくはありませんでしたが、商社やメーカーなど既に多国籍化している日系企業も多く、あなたがそうした企業で複数国家にまたがるビジネスをマネジメントする必要ができた際にはこの視点が価値を持ちます。

例えば日系企業が生産販売するテレビやオーディオ製品をとっても、海外に行けば日本ではあまり考えられない野外での使用が多かったり、冷蔵庫でも日本ではないような大きな冷凍食品を貯蔵するスペースが必要だったりと、現地に行って目で見てみなければわからないことはたくさんあるものです。

世界には様々な価値観があり、価値観はすなわち何に対価（お金や労力）を払うかです。**この人たちは何に対価を払ってくれるのか、という問いを持つ**ことが、価値提案を行なう際の知見となります。海外では日本では考えられないような、政府の制度に対する国民の対応もあります。例えばエジプトではマンション等の住居の完成（竣工）と同時に課税が開始されるので、その課税を免れるためにマンションをつくりかけの状態にして居住している人たちがいます。制度設計に対する国民のこうした対応により、骨組みを残したつくりかけのマンション群が広がっているのです。

あなたがマネジメント側になる前に少しでも世界には自分の想定と全く異なること

逆さの世界地図

があることを理解すべきです。こうしたマインドセットを持っておけば、後々にマネジメントする側になって多忙で現地に行けなくなってしまっても「アームチェアディテクティブ（現地に行かない探偵）」として想像力を働かすことができます。

地図を逆さにしてみる

知らないうちに強い先入観を植え付けられていることがあります。例えば地図の見方です。地球は丸いので本来は地図はどこから見ても良いはずです。豊かな国が北側に、貧しい国が南側に集中しているという南北問題というものがありま

逆さのアジア地図

すが、地図は逆さにして見ても良いはずです。

例えば日本と中国、韓国といった国をいつもあなたが見ている地図を逆さにしてみると、少し感じ方が変わってきます。頭の中の地図も先入観に囚われずに思い描き、戦略を立案するようにしましょう。

偏見や先入観をチェックする

戦略を立案し、組織をマネジメントするなかで、先入観や偏見は時として大きなハードルとなることがあります。ここで私の好きな先入観に関するテストをしてみましょう。

ある大学病院に非常に高名な外科医の権威がいました。

ある日、その外科医のもとに交通事故にあったという父親と子どもが運ばれてきました。父親は搬送中に死亡し、子どもが手術台に寝かされました。その子どもを見て外科医は驚き、そして言いました。

「この子どもの手術は私にはできない」と。


さて、この高名な外科医はなぜ手術を拒否したのでしょうか?

わかりましたでしょうか?

答えは、「外科医が父親の妻で子どもの母親だったから」です。

わかる人にはすぐわかりますが、わからない人には考えてもなかなか答えの出ない問題です。「外科医で権威」というと男性を想像するという、ジェンダーバイアス(性差による偏見)に関する事例です。


戦略を遂行するマネジメントにおいて、最もその役割に適した人を適切な場所に配置することは当然です。**知らず知らずのうちに自分が偏見に陥っていないか、意識して顧みる**ようにします。もしかしたらあなたの偏見で昨日出会った人とのビジネスを失っているかもしれません。あなたの日常の議論では「誰が言うか」より「何を言うか」を重視すべきです。フラットな環境がないとイノベーションは起きませんし、リーダーはフラットな環境を恐れるべきではありません。補足ですが、情報分析においては「**誰が言うか**」や「**誰に言わせられているか**」が意味を持ちます。

ビジネスでの同じ職務に対して、40歳の日本人男性より25歳の外国人女性のほうに適性があるのであれば、迷わず25歳の外国人女性を配置するべきです。旧来からの日本企業は事実として管理職の女性比率が低く、日本の女性取締役比率は1％台で、米国では約30％です。少子高齢化による人口減少を考慮しても企業における性差のない人事設計は必須です。政府が女性活用を唱えるまでもなく、日本の企業や組織は多様化が生き残るために必要なのです。

日本企業の男性の中には、「女性活用を制度化すると、能力のない女性まで昇進してしまう」といったことを唱える人がいますが、それではその男性は能力があって昇進したのでしょうか？ 世の中に能力的に職責を果たせない人が多くいることを考えると、私は甚だ疑問であり、そういった論調には耳を貸さずに多様化を推し進めるべきだと考えます。

「グローバルスタンダード」を疑う

あなたは「グローバルスタンダード」を定義できますか？

もし社内でこの言葉を使うのであれば定義が必要です。当然ですが多国籍企業だとしても、その経営スタイルがすべての国のオフィスで同じわけではありません。各国で共通化できる部分は共通化し、それ以外の部分は「どローカル」にするというのも環境に適応する知恵です。例えば日本に進出する外資系企業にしても**「グローバルスタンダードを教えてやる」といった態度では長期的に受け入れられない**ものです。これは日本企業が海外進出する際も同様です。

度々、日本の外食チェーンで輸入食品の安全性が問題になりますが、グローバルな外食チェーンであれば、材料調達コストを下げるためにグローバルで購入先企業を絞り購入量を増やそうとします。こうしたコスト削減の「グローバルスタンダード」を優先することによって、食の安全性やその国の味覚に合った商品の開発がないがしろにされることがあります。**こうしたコスト削減は短期的には収益性改善に寄与するかもしれませんが、長期的には風評リスクや顧客の離反を招くことがあります。**企業が海外M&Aを行なった後のPMI（M&A後の企業統合）では顕著ですが、「他で成功したから、こうやれ」という押し付け植民地主義ではなく、戦略的に慎重な経営統合が求められます。

近年は日本にも多くの外資系プライベートエクイティ（PE、未公開株式投資ファンド）が来ました。その中でPEの成功と失敗を分けたのは植民地支配的押し付けの有無でした。外資系PEは日本進出の際に、東京の外資系投資銀行などから数億円という報酬で人材を引き抜き、東京オフィスを任せましたが、表層的なグローバルスタンダードを「教えてやる」といった姿勢で日本の経営者と対峙したPEは案件もつくれず、企業経営もできずに撤退していきました。そうしたグローバルかぶれの人間ほど、「日本の経営者は遅れている」と言っており、自分達の異質さと理解不足に無自覚なために失敗していました。

多国籍企業の本社のある**ニューヨークやロンドンでの経営スタイルがグローバルスタンダードではありません**。例えば米国一国の中でさえ、ニューヨークと中西部と西海岸と出自の違う企業では企業文化は異なります。また、米国企業だからといって合理性だけでインドやフィリピンへの業務アウトソーシングが容易にできるかというと、政策的な雇用維持の側面から政治問題化し、海外アウトソーシングを規制する法案が提出され、海外アウトソーシングの是非を巡り議論となっています。

グローバルでの事業展開は国内での事業展開と同様に、ある地域で成功した事例をその地域に合わせた形で適用し、また一方向だけでなく双方向に成功事例を共有するべきです。私は経験上、日本の成功モデルが海外で全く通用しなかった例や日本の都市部での成功モデルが地方展開で苦労する例を見ていますので、**どんな市場であれ全く同じものはない**という謙虚さが必要だと思っています。

「グローバル」はここ150年くらいの日本の論点

日本の西洋化・近代化が明治維新を契機とすると、そこからの欧米列強と伍していくための政策の流れの中で、「**どのように西洋化を受け入れ、近代化するか**」は日本にとって常に大きな論点でした。幕末の攘夷派と開明派の争いがあるなか、幕末留学生がオランダに派遣されたり、明治維新を経て岩倉使節団が欧米諸国に派遣されたりと、欧米列強に学ぶと同時に新しい国家の形の範を求めることを日本はしてきました。日本明治政府は海外で得た知見を使って富国強兵と殖産興業政策を進めていきました。日本の近代において、西洋技術への探求と旧来の日本の道徳観念や思想をどう折り合わせるかはその後も長く続くテーマとなりました。

1936年に東北大学で教鞭をとったことのあるドイツ人哲学者のカール・レーヴィットは当時の西洋哲学を学ぶ日本人を評して「日本人はまるで二階建ての家に住んでいるようなもので、階下では日本的に考えたり感じたりするし、二階にはプラトンからハイデッガーに至るまでのヨーロッパの学問が紐を通したように並べてある。そして、ヨーロッパの教師は、これで二階と階下を往き来する梯子はどこにあるのだろうか、と疑問に思う」とその論文『ヨーロッパのニヒリズム』で述べました。その当時から日本人が西洋文明を称賛しながら嫌悪するような分裂した気風は存在し、外部からも認識されていたのです。

日本人の心象風景において日本を強烈に意識する瞬間というのは、いつも外部である外国に触れた時でした。あなたがもし日本で育った後に海外留学や赴任をしていれば、自分が日本人であることを意識したことでしょう。日本が鎖国をしている間に欧米では産業革命が起こり近代へと時代が変わりました。日本はペリーが黒船で来航して以来、帝国主義的覇権争いや敗戦を経由して経済的には欧米と肩を並べるようになりました。しかしながら現代社会においてG8に収まっていても唯一の非欧米国として、ここ百年以上のアイデンティティの不安を抱えているように思います。それは

「欧米国家の中に入っていることが正しいことなのか、自分は西洋社会の一部なのか？　もしくは日本は欧米国家に本当に受け入れられているのか？」との問いであり不安です。私はこうした内面的葛藤は日本人の中で長く続いていると考えています。

日本人と西洋、今では「グローバルスタンダード」は古くて新しいテーマです。日本から見た海外という視点だけでなく、西洋から見た東洋といった視点にも知っておくべき要素が多くあり、エドワード・W・サイードの『オリエンタリズム』は西洋から見た「他者」としての東洋・中東、そして西洋のフィルターを通した東洋・中東のイメージ自体を現在の日本人が共有している事実を知ることができます。近代史と近代思想において考え尽くされたところから学べることは多いものです。

グローバルスタンダード＝米国スタンダードではない

日本のメディアや出版物はややもするとグローバルスタンダード＝米国スタンダードとし、過大評価または過小評価する傾向がありますが、「米国では」という議論は冷静に見る必要があります。例えばひと頃、「**会社は誰のものか？**」という議論がされ、米国に端を発する、会社は株主のものという考え方、もの言う株主に代表される株主原理主義がありました。もの言う株主であるアクティビストファンドは、上場会社に対して「現金や余剰資産を持ちすぎている経営は非効率だ。現金を配当にまわすか、自社株買いをしろ」と迫り、こうした経営の効率化はグローバルスタンダードであると主張しました。

しかしながら、この主張には論理的に破綻している部分があり、一つ目は会社の持つ現金価値は市場の効率性を前提にすれば既に株価に反映されており（モジリアーニ・ミラー理論）、株主が現金を欲しいのであれば、ただ株式を市場で売却すれば良いことになります。モジリアーニ・ミラー理論は完全な市場においては、配当政策は企業価値と無関係であるというものです。二つ目は株主と会社の考える時間軸に乖離があるということです。会社自体が長期的な存続を前提として従業員や取引先といったステークホルダーとの関係を続けることによって価値を創出しているのであれば、長期的には必ずリーマンショックのような経済危機によって現金が調達できなくなることに備えるべきなので、短期的な効率性によって現金を吐き出せと主張するアクティビストファンドの主張に耳を傾ける必要はなくなります。事実、リーマンショックの際には多くの米国の企業が現金の調達ができないという市場の流動性の枯渇に直面しました。短期的な株式保有を行なう投資家は市場への流動性供給においては必要な存在ですが、その主張は論理的に分析する必要があります。**ビジネスにおける米国の考え方がグローバルスタンダードであると鵜呑みにする必要はありません。**また、米国の今後の国際社会における相対的地位は低下していくと考えられます。

圧倒的な軍事力と通貨の力を背景にした米国によって主導された世界秩序は、中東でのイスラム国のような武装集団による混乱、先進国内でも頻発するテロ、ウクライナ危機にみられる国連安全保障理事会の機能不全、国際コンセンサス不在の中でのロシアの膨張、政府が積極的に市場介入を行なう国家資本主義をとる中国の経済的、軍事的台頭といった波の中で既存の秩序は崩壊の過程に入ったように見受けられます。

軍事的な面のみならず経済的な面でも、例えば２０１４年に中国はアジアインフラ投資銀行（ＡＩＩＢ）の設立を進め、世界銀行やアジア開発銀行に対抗する構えを見せています。

こうした状況を現政権のオバマ大統領は冷戦時のソビエト連邦の脅威よりは良いと述べていますが、政治学者であるイアン・ブレマー氏が唱えるように世界はＧゼロという多極化が進んでおり、政治、ビジネスにおいて米国がスタンダードをつくれない環境を認識すべきです。

こうした米国の旧来からのパワーを前提としない世界においては、私達が自明だと思っている民主主義が将来的にメジャーではない世界さえ考えられます。私達は民主主義と資本主義はセットだと考えていた節がありますが、独裁的な政治手法と資本主義が経済競争力を持ち得ることも事実です。

2013年にドイツの対中直接投資は前年比で42%の伸びを記録し、中国はドイツにとってアジア最大の貿易国となっています。また、極めて米国的なものであるハリウッド映画での中国人俳優の起用、中国製品の露出や中国ロケの増加、世界公開版とは別に中国バージョンを作成するといったことにも中国市場の影響が見られます。

グローバル化の負の側面を忘れない

ビジネスの戦略家であれば、頭の中に地球儀があり、ゼロベースでビジネスのバリューチェーンの地理的最適化を考えます。これは現在の物流及びITインフラのグローバル化の恩恵を享受しているが故に可能になるビジネスの構築ですが、そもそもビジネスの前提となっている「世界の持続性」を考えると、グローバル化の負の側面も忘れるべきではありません。

２０１４年に『21世紀の資本』が世界的なベストセラーとなったパリ経済学校教授のトマ・ピケティ氏も、グローバル化そのものは肯定しながらも、グローバル化による格差拡大を放置するリスクは人々がグローバル化を自分のためにならないと感じて極端な国家主義に向かうことだとしています。

また、現実問題として世界には武器や麻薬の密売、人身売買、感染症のパンデミック（世界的流行）など**人類の敵とも言える現象がグローバル化の裏に隠れています。**遠い世界のことに感じるかもしれませんが、国連薬物犯罪事務所（ＵＮＯＤＣ）によれば２０１４年の人身売買は１２４カ国で行なわれ、被害者は4万人を超え、18歳未満の子どもが3分の1を占め、7割が女性でした。人身売買は売春、強制労働、臓器売買を目的に今日もどこかで行なわれているのです。

世界を震撼させた西アフリカ起源のエボラ出血熱も航空機の飛び交う現代においては対岸の火事ではありません。また、エボラ出血熱のような感染症を国々が水際で食い止めようとしていますが、麻薬や人身売買に関わる密航者が感染していれば正規のルートでは食い止めることができません。これらは正にグローバルで人とモノが移動することの負の側面であると考えられ、社会的課題として取り組むべき事象です。

すべてのメディアの情報には意図がある

テレビや新聞といったあなたを取り巻くメディアに対して能動的なリテラシーを持つことは戦略を扱う上で必須です。**あなたは周りの「情報(Information)」を「洞察(Insight)」に変えていくべきです**。

私は企業のメディア戦略についてアドバイスをしています。例えば不祥事の起きた企業の信用が失墜しないためや、敵対的な株主から企業を守るためにアドバイスを行なっています。クライアントが記者会見などでマスコミを通じて何らかのメッセージを発信する際に質疑応答の原稿を用意したり、服装や表情、しゃべり方なども「設計」していくわけです。

このように発信される情報において、バイアスのかかっていない中立的なものは存在しません。一次的な情報発信者も何らかの意図を持っていますし、それを伝える記者やジャーナリストといったメディアも「ストーリー」や「スジ」を持っています。

そうした意図の存在を前提として、**ニュースは誰かのバイアスがかかっているものとして観察すべきです**。例えば政府関連の報道で写真や映像があったら、なぜそれを撮らせたのか、一方で何を撮らせなかったのかを考えることが第一歩となります。

視覚情報の影響力を認識する

テレビの映像や記事の写真といった「絵」は人々に大きな印象を残す強力な道具となります。募金や支援を求める広告に載っている子ども「ポスターチャイルド」に目を奪われることもあるでしょう。これは論理的思考より感情に訴えかける広告手法です。

企業不祥事における謝罪会見では、おじぎの様子がしっかり映像に残るように、出席者全員のおじぎのタイミングを合わせ、頭を下げてから10秒近く固定することもあります。これもしっかりと謝罪したという「絵」をつくり、見た人の感情に訴えかけるものです。

例えば**もっとしっかりと「絵」が設計される場合もあります。**敵対的企業買収の防衛においては、買収者の役員などが歩いているところへ、突然、買われる側の人間が「買わないでほしい」という嘆願書を持って現れ、買収側に詰め寄り、買収側役員が嘆願書を受け取らない様子や振り切って逃げる様子などをメディアに撮ってもらい、買収側の「傲慢」や「不遜」といったイメージを「形成する」といった例です。

身近なところですと、政治家やタレントの写真に写る笑顔がいつも同じように見えることがありますが、もちろん見栄えの良い笑顔を訓練してつくり、写真に残るようにしています。それでもなお、メディアは記事のストーリーにあった怒った顔やふくれっ面の写真を撮り、記事の印象をコントロールします。


このようにメディアに対する情報提供者には何らかの意図があります。誰がどんな意図で情報を流しているのかを想像する習慣を付けましょう。**政府や行政から発信される情報にはアジェンダ設定や世論形成のための意図が入っています。**政府周辺には記者クラブがあり、そこに新聞社などの記者は詰めていますが、そこでの記者へのレクチャーは政治家や官僚が「世論に風を吹かす」という意識を持って行なっています。

政治の世界では世の中にニュースとなって開示された時には既に事象の決着はついているということが往々にしてあります。元自民党幹事長の古賀誠氏は政界での出来事について「幕が開いたら終わっている」と述べています。

オンライン上での誇張に注意を払う

新聞や雑誌に代表されるマスコミの記事も、オンラインの記事では、PVやクリック数を稼ぐために**記事のタイトルと記事内容が大きく乖離している場合も見受けられます。**また記事のなかに埋め込まれた記事の体裁の広告（ネイティブ広告）も増えているので、ここでもメディアリテラシーが問われます。

ソーシャルメディアで流れてくる引用記事も元になった記事を面白おかしくするために、**記事全体の一部だけを切り取ったものも多い**ものです。記事に対して本当に分析や考察を行なうのであれば、必ず全文と原典にあたるようにしましょう。あなたがソーシャルメディアで何かの記事にコメントする際にも、事実誤認がないように徹底すべきです。

ソーシャルメディアはいわゆる「**炎上**」といって、事象に対する議論が批判的な一方向に偏っていくことも多いですが、その批判自体が事象全体ではなく事実誤認や偏った情報によって起こっていることも多いものです。炎上の際のトラフィックの量に惑わされずに事実を追究すべきです。

二項対立の手法を知る

また、メディアでは往々にして、複雑な事象でも単純化し、善悪や白黒といった二項対立によって説明されることがあります。これはメディアには放送時間や文字数という制限があることと、社会的正義の名の下に一方を批判することが人々の共感を得られるとメディア自体が本能的に考えているためです。

国際政治におけるロビイングの分野では「**サダマイズ（Saddamize）**」という言葉があります。これはイラク共和国大統領であったサダム・フセインから来ていますが、確実な根拠がなくても人物や国に何らかのレッテルを貼り、世論の攻撃対象に仕立て上げるPR手法のことです。

サダマイズのようにレッテルを貼る際も、人々にわかりやすく記憶に残るフレーズや映像を考案し、メディアを通じてコミュニケーションします。いくつものメッセージを発するのでなく単純化した一つのメッセージをレッテルにします。

サダマイズはメディアの世界では日常的に行なわれており、攻撃側と防衛側は次のようになります。

◆企業・人物への攻撃側

事象の論点を二項対立のように単純化し、一方に「ブラック企業」や「拝金主義」といったわかりやすいレッテルを貼り、象徴的な行為や映像によって負のイメージを広めます。

◆防衛側

事象の論点が単純化されて、世論にアジェンダ設定された場合は、その土俵に乗らずに時間を経過させることも必要です。また、攻撃側の正当性、論拠を弱めるような事実の発見と露出を行ない対抗します。

あなたがメディアに対して発信したい場合もワンメッセージを心がけます。企業であれば経営陣や従業員が同じことを言うようにします（**ワンボイス化**）。ワンメッセージで記者の心に引っ掛かるようにしましょう。何枚ものプレスリリースは絶対に読まれません。**一番言いたいことを先に見出しに書いて1枚紙でまとめましょう。**記事化してほしいリリースはトップヘビーが基本です。

メディアリテラシーを高める方法

メディアリテラシーを高める一番の方法は、あなたが一般人よりも数段上の情報や知識を持っている分野において一般のニュースに触れてみることです。そうすると、ニュースにおいて何が抜けているか、何が記者に理解できていないかがわかり、ニュースのいい加減さがわかります。

私も自分の関わったプロジェクトがニュースや記事になるのをよく見ますが、自分が渦中にいて情報を持っていればいるほど、記事が偏った情報ソースから不完全な理解によって構成されていることがわかります。記事が特定の企業や人物に対して批判的な内容ですと、誰がどういう意図を持って記者にしゃべったのかもわかります。このようにあなたが良く知っている事象について冷静に記事を比較することによって、情報に触れた時の「見立て」の正しさやメディアリテラシーを高めることができます。

メディアリテラシーは日頃から複数の情報源にあたることで蓄積されてきます。私は複数の国内外の新聞、雑誌を定期購読し、できるだけ毎日、複数の書店の新刊をチェックしています。複数のメディアに同時に触れることによってその差異が理解できるようになってきます。また、気になった題材は学術論文やｉＴｕｎｅｓ Ｕ等で体系的な知識に触れたりしています。

メディアリテラシーの幅を広げる方法としては、日本のマスコミの情報だけでなく、**海外のソースにも定期的に当たる**ということが挙げられます。日本のマスコミが大きく取り上げていない、世界の大きな事件は意外とあるものです。「この問題は海外ではどうなっているのかな？」と考えるクセが大切です。ＣＮＮやTHE WALL STREET JOURNALなどかなりの海外メディアの日本語版があり便利です。また、ちょっとした手間ですが大事なことに、「英語で検索する習慣」があります。

海外の情報源ではジャーナリズム以外でもロビイングファームやシンクタンクの出している情報は重要です。特に米国では企業がロビイングファームを使って政府の政策に影響を与えることや、政治家や政府高官、大学の研究者が一時期シンクタンクに在籍することは一般的です。米国のロビイングファームやシンクタンクはワシントンＤＣにオフィスを構えており、その地域とロビイング産業はＫ Ｓｔｒｅｅｔと呼ばれます。代表的な米国のシンクタンクにはブルッキングス研究所、ＣＳＩＳ、ランド研究所などがあり、政策における大きなプレイヤーとなっています。英国では王立国際問題研究所、通称チャタムハウスが有名です。

世界で議論となっている事象というのは、そこに文化、歴史、宗教といった背景があります。例えばあなたが美術館で西洋の宗教画を見ていたとします。1600年代のキリスト教関連の絵画に女性が植物の「シュロ（ナツメヤシ）」を持って立っています。絵の描かれた宗教的背景がわからなければメッセージを読み取ることはできませんが、「シュロ」はキリスト教における殉教者を意味しますので、リテラシーのある人は絵の意味が理解できます。

このように人が同じものを見ていても読み取っているメッセージには知識による差があります。事象は文脈の中で読み解いて分析する必要があり、そうした時にあなたの教養の深さが問われることになります。思考において常に「**この事象の本質は何か？**」を問いましょう。

最後に私自身はメディア、そしてジャーナリズムの役割と意義はやはり権力の監視だと考えています。ウォーターゲート事件でニクソン米国大統領を辞任に追い込んだ、ワシントンポスト社主キャサリン・グラハム氏のように権力に迎合しない気骨ある人間が、メディアには必要だと考えています。

本は最高の投資対象

本ほど投資効率の良いものはありません。世の中の誰かが一生分の知性をかけて書いた本だとしても数千円で買うことができるのです。本について買おうか買うまいか迷っているくらいであれば、読まずに積むだけでも購入したほうがいいものです。本の電子書籍化も進んでいるので、忘れないように読みたいリストに入れておけば気が向いた時に読めます。

私が今まで会ってきた優秀なリーダーや経営者の共通点の一つに「読書家である」というのがあります。それもビジネス関連の本を読んでいるというよりは、小説や歴史ものなど幅広いジャンルで多読な方が多いです。

あなたがリーダーとして戦略家として、人間の傲慢や嫉妬といった感情について感度が高くなければ、組織を動かしていくことはできません。こうした人間の感情の機微は読書によって疑似体験することができますし、人間の非合理的な側面というものは書物の中で数多く語られてきています。ダンテは『神曲』で傲慢、嫉妬、貪欲が人々の心に燃えついている、とそのものを表現しています。

例えばシェイクスピアの『オセロ』を読めば、そこに人間の嫉妬や不信といった根源的な感情について目の当たりにすることでしょう。そうした感情は人間からなくなることはありませんし、『オセロ』で起きているようなことはあなたの職場でも起こり得ますし、イアーゴーはどこにでもいます。マキャベリは『君主論』の中で「人の恨みは悪行からだけでなく善行からも生まれる」と、時に善意から為されたことが人の恨みを買うと述べています。**こうした非合理な状況は現実社会でいくらでもあるものです。**このような古典的作品から多くの学びがあります。

日本人が海外に出ると自国について相対化され、日本人であることを意識することがあります。そんな時は外部、つまり海外の視点から見た日本人について触れると良いと思います。外国人から見た日本を描いた『菊と刀（ルース・ベネディクト著）』は毀誉褒貶ある文献ですが、日本の恥の文化について記し、『敗北を抱きしめて（ジョン・ダワー著）』は現在と地続きの敗戦直後の日本と日本人について知ることができます。こうした本を日本人側から見た『昭和史（半藤一利著）』と併せて読むのも面白いです。

『昭和史』には、戦後1946年頃に有楽町、銀座、新橋、渋谷、池袋、上野といった場所に闇市が立ち並び、誰もが貧しく、飢餓の恐怖に人々が食べ物を求める様子が描かれています。これらの闇市を仕切っていたのはヤクザの親分衆だったとのことです。戦後70年が経った今日、清潔すぎる日本に暮らしていると、ややもすると発展途上国を侮るような眼差しを向けがちですが、**日本も最初からすべてが整っていたわけではなく、混沌とした過去と地続きである**といえます。今は貧しく制度も整っていない国々も発展の途上なのかもしれないのです。

一方で情報収集のための実務書であれば、**最初から最後まで全部読む必要はありません。**目次を見て必要なところ、興味のあるところを読むだけでも良いのです。まとまった時間がある時に全部読もうと思って1ページも読まないより、細切れの時間を使って興味のある部分を少しでも読むほうが知識を蓄えることができます。

自分の知らない不慣れな分野について知識を得るための読書をするのであれば、まずはその分野で「基本書」とされているものにあたります。**最初からレベルの高いものに挑戦する必要はありません。**「よくわかる〜」や「はじめての〜」といったタイトルのものから読み始めて問題ありません。一番簡単な文献から始めて、その分野や業界の理解を少しずつ上げていくのです。一般書から始めて、初学者に広く読まれている基本書に進み、その中で出てきたキーパーソンとなる研究者をピックアップし、研究内容を分類します。こうした調査ではキーパーソンとその人達が唱える学説や研究を把握し、主流となっている学説、それに対する批判、周辺の学説といった形で大学等の研究機関、研究室、研究者、論文を整理していきます。誰と誰が共同で論文を執筆しているか等、人物に焦点を当てると情報を把握しやすいです。

情報収集のために書籍にあたる際は、執筆者や書籍の概要のメモをつくりながら読みましょう。書籍に記載されている参考文献も重要な情報ソースです。

歴史から現代のビジネスを学ぶ

ドイツ帝国の宰相であったビスマルクは「愚者は経験に学び、賢者は歴史に学ぶ」と述べましたが、**戦略を学ぶにあたって歴史はアナロジーの宝庫**であると言えます。また、すべての事象には始まりがあり、歴史的経緯からインサイトを得ることができます。分析においてもまずは過去の知見にあたってみることが基本となります。

例えば金融ビジネスを考える上で、12世紀イタリア・フィレンツェのメディチ家の勃興について知見があることは無駄になりません。当時のキリスト教では高利貸は神の法に背くものとして禁止されていましたが、実際には換金手数料や贈与といったスキームによって数十%という利子を得ていました。この時代から金融はスキーム上でリターンを上げるということを行なっていたのです。また、メディアや情報を考える上でバチカンの連綿と続く影響力に関心があることは無駄にはなりません。2014年には米国とキューバの国交正常化交渉でもバチカンのローマ法王が関与したと言われています。

例えば経営に関する重要な論点である「株式会社」の在り方を考える上で、**17世紀オランダの東インド会社の仕組みを知っておくべき**ですし、日本の幕末において**坂本龍馬の設立した貿易会社「亀山社中」に思いを馳せるのも面白い**ものです。貿易と経済発展の初期的段階においては、16世紀にスペイン船の略奪を行なった海賊のフランシス・ドレイクに保護を与えて出資を行なった英国エリザベス女王のような存在がありました。現在においては市場経済の制度設計、市場設計（マーケットデザイン）が論点となっていますが、フランシス・ドレイクの時代に既に、起業家、出資者、不利益を被る者（略奪されたスペイン）、制度上の保護を与える者といった存在の萌芽が見て取れるのも現代に続くインサイトがあります。

また、世界史と日本史を年代で並列させて、オランダの東インド会社設立の時代に、日本では関ケ原の戦いが起こっていたといったように歴史を見るのも面白いです。

あなたが考えていることは、これまでの人間の歴史において、たいていは誰かが考えたり試したりしたことがあるものです。また、今は当たり前だと思っていることでも、大きな変遷を遂げてきた可能性があります。

世界の歴史の中で、当たり前だと思われていたことが一夜にして変わることがあり、その変化に直面した人に聞いても、なぜそういう社会制度だったかわからないことがあります。

近代で言えば、1989年のベルリンの壁崩壊からの1990年の東西ドイツ統一や、1991年のソビエト連邦の崩壊などは代表的な例です。旧東独の人々はベルリンの壁の向こうに行ける日が来るとは考えたこともなかったのです。そうした「**永遠に思えたものが変わる**」ということも歴史から学ぶことができます。現在においては米国の世界秩序におけるリーダーとしての地位の低下や、ウクライナ問題に代表されるロシアと欧米諸国の亀裂、経済的、政治的破綻国家やテロ国家の増加など、これもまたどんな国際秩序も変化し得るということを表しています。

第二次世界大戦後の経済社会年表

1945　広島と長崎に原爆が投下される、終戦
1946　日本国憲法公布
1948　東京裁判で東條英機ら有罪判決
1949　ＧＨＱによる１ドル 360 円為替レート設定
1950　朝鮮戦争勃発（～ 1953 年）
1951　日米安全保障条約調印
1953　ＮＨＫテレビ放送開始
1955　自由民主党結成
1956　経済企画庁「もはや戦後ではない」と発表
1957　ソ連が人工衛星スプートニク打ち上げ成功
1958　東京タワー完工
1960　安保闘争でデモ隊が国会に突入
1962　キューバ危機
1964　IMF8 条国移行、日本がＯＥＣＤ加盟、東京オリンピック開催
1965　米国がベトナム北爆
1971　ニクソンショック
1972　沖縄返還
1973　第１次石油ショック、円が変動相場制へ
1974　米ウォーターゲート事件でニクソン大統領辞任
1976　ロッキード事件で田中前首相逮捕
1978　日中平和友好条約調印
1983　東京ディズニーランド開園
1985　プラザ合意
1986　ソ連のチェルノブイリ原発事故、男女雇用機会均等法施行
1988　リクルート事件
1989　昭和天皇崩御、天安門事件、ベルリンの壁崩壊、日経平均 3 万 8951 円
1990　東西ドイツ統一
1991　湾岸戦争勃発、ソ連の崩壊
1992　日経平均１万 4309 円
1995　阪神・淡路大震災、オウム真理教による地下鉄サリン事件
1997　北海道拓殖銀行破綻、山一證券自主廃業、アジア通貨危機
1998　日本長期信用銀行破綻
1999　ユーロ発足、日銀がゼロ金利政策
2001　米国同時多発テロ、世界貿易機関が中国の加盟承認
2002　サッカーワールドカップ日韓共同開催
2004　ダイエーが産業再生機構に支援要請
2005　ライブドアがニッポン放送株取得、三菱ＵＦＪ経営統合、郵政民営化法可決
2006　ソフトバンクがボーダフォン日本法人買収
2007　アップル iPhone 米国で発売
2008　リーマン・ブラザーズ破綻
2009　米国オバマ大統領就任、日経平均 7054 円、パナソニックが三洋電機を子会社化
2010　ギリシャ財政危機、武富士が会社更生法へ
2011　東日本大震災、GDP で中国が日本を抜く、北朝鮮金正日氏死去
2012　エルピーダメモリが会社更生法へ
2013　政府と日銀がインフレ目標 2% を設定
2014　消費税率 8%へ

4 企業価値を評価する

戦略家にファイナンスは避けて通れない

戦略家を目指すプロフェッショナルにとって絶対に避けては通れないものに、ファイナンスの知識があります。**何かを構想し実現するためには、そのプロジェクトのために最適な資金調達方法（ファイナンス）を設計すべき**です。

営業畑の長かった人がマネジメント側に移った際に、「私は財務やファイナンスは素人で」と話すことがありますが、**ファイナンスは非常にシンプルで論理的に成り立っているので、どんな人でも理解と利用が可能**です。ただの食わず嫌いで損をする必要はありません。私は以前から非常に優秀な営業やエンジニアの人が、ファイナンスに苦手意識を持っていることを不思議に思っていました。一方で社会に出てから早い段階で投資やトレーディングの世界に入った人間は何でもファイナンス的観点から考える傾向があります。私はこれは知識というより考え方のクセの問題だと思っています。

ファイナンスはＭＢＡにおいてもコモディティ化した分野であり、原理原則さえ知っておけば複雑な金融商品を目の前にした際でも自分の頭で考えることができます。

また、既にＭＢＡ的ファイナンスの基礎知識がある人にとって、理論と実務の乖離があることも事実でしょう。これは「第三者割当増資で新株を発行して資金調達すべき」と概念的には理解していても、実務的にどんな書面を作成して、どんな手続きをしたら良いかわからないという手続き論的問題です。

こうした実務は戦略系コンサルタントも苦手とする部分です。私は採用面談で「ストックオプションの設計や株式引受契約や株式譲渡契約のドキュメンテーション（書類作成）の経験はありますか？」と聞くことがありますが、金融機関出身者やＭＢＡ保有者でもこうした実務を自分で実際にやったことのある人はごく少数です。

ここからはずっと使えるファイナンスの考え方から企業金融（コーポレートファイナンス）までを見てみます。

明日の１ドルよりも、今日の１ドルを選ぶ

ファイナンスの概念で最も重要なのは「明日の1ドルよりも今日の1ドル」という概念です。これは**お金の時間的価値を指し、将来の価値を現在の価値に換算して比較を行なっている**のです。

例えば、預金金利が5％だとして、今年の１００万円と来年の１００万円ではどちらに価値があるでしょうか？ 来年、１００万円をもらえるとするなら、１００／1・05＝95・238なので、来年の１００万円の現在価値は約95万円となります。よって、今年の１００万円は来年の１００万円の現在価値である95万円より価値があるということになります。また、同じ金額をもらえるのであれば、投資期間が短いほうがリターン（収益）は上がっているといえます。この金利５％のことを割引率（Discount Rate）と呼びます。

また、現在価値とよく混同するものに、正味現在価値（ＮＰＶ＝Net Present Value）がありますが、ＮＰＶは「ネット」しているので、将来のキャッシュフローの現在価値の合計額から初期投資額を差し引いた金額となります。

お金を投資した際のリターンは時間との見合いで考えます。その際にはりんごとみかんではなく、りんごとりんごを比較するために、現在価値に割り戻して比較をするのです。

投資は同じ時間を使うのであればリターンが大きい事業に投資するのが合理的です。

もしもリターンが少ないほうに投資するのであれば、本来得るはずだったリターンを失っているので、機会費用（機会コスト）を支払っているといえます。

お金の時間的価値を考えるとインフレーション（インフレ、Inflation）についても理解することができます。インフレはモノやサービスといった物価が上昇し、貨幣（お金）の価値が下がる現象です。

インフレ率が5％だとして、100万円を預金も投資もしないで持っていたら、物価は上昇しているので先程の計算と同様に100／1・05＝95・238で、1年後のお金の価値はインフレの影響によって約95万円となります。インフレの影響により、お金の実質的な価値が下がってしまったのです。GDPの話のところで名目と実質というGDPが出てきましたが、名目金利が10％でもインフレ率が5％なら、100×1・1／1・05＝104・76万円となり、実質金利は4・76％となります。

リスクという不確実性を考える

次に**「リスクがある1ドルより、リスクがない1ドルのほうに価値がある」**という概念があります。リスクというと「損失が発生する」というダウンサイドリスクのほうを考えがちですが、リスクとは「不確実性」のことなので、利益でも損失でも将来の不確実性はリスクだと考えます。

またファイナンスで**「ボラティリティ（Volatility）が高い」**という表現をしますが、これは株式などの価格の変動性のことです。ボラティリティが高ければ期待リターンから外れることがあります。当たり前のことですが、将来確実にある金額をもらえるお金と、その金額が増えるか減るかわからないお金では確実なお金のほうの価値が高いのです。

ファイナンスの世界ではリスクのない商品を国債だと考えます。仮にリスクフリーとされる10年国債の年率が10％で固定されているとして、100万円で国債を買うと10年後には必ず259・37万円になります。これは言い換えれば、「年率10％でディスカウント（割引）された10年後の259・37万円の現在価値は100万円である」

と言えます。

この考え方により将来価値がわかれば現在価値もわかります。リスクフリーの国債の年率10％であれば、10年後の１００万円の現在価値は38・55万円となります。よってこの場合は、様々なリスクを抱える事業に38万円を投資しても10年後に１００万円以上にならないのであれば、リスクフリーの国債に投資することを選ぶことが合理的な選択となります。

分散してリスクヘッジする

ファイナンスでは「**いくつもの卵を同じカゴに盛るな**」という言い方がありますが、これは同じカゴに盛ると落とした時に卵が全部ダメになってしまうという例えです。これと同様にあなたが持ち金をすべて同じ株式に投資しても、または企業が一つの事業に余剰資金をすべて賭けてしまっても、何かネガティブなことが起きたら一気にダメになってしまいます。

投資に影響を与えるような事象をファイナンスでは「イベント」と呼びますが、持っている資産（現金など）を投資によって同じ方向にリスクを取ると、イベントが起きた時にすべて同じ影響を受けることになります。これを避けるには分散が必要です。例えば株式投資を考えた際、A株式とB株式のリスクの相関が低ければ低いほど（相関係数1から離れるほど）イベントに対する耐性が強いと言えます。

一般的にはこうした投資を分散投資と呼びます。また個別株式の持つβ（市場の変動に対する株価の感応度）によって、その株式に投資をしている投資家の期待リターンを説明するCAPM（キャップエム）というモデルがあります。CAPMについては企業価値評価のところで解説します。

ファイナンスの世界では株式や為替といった「変動するもの」を扱います。市場では変動するものにお金を賭けているとも言えます。ここで**複数のものにお金を賭けた場合はそれらの動きの相関関係（Correlation）が論点となってきます。**先ほどのA株式とB株式の動きを見た際には共分散（Covariance）について考えます。共分散はプラスであれば正の相関、マイナスであれば負の相関、ゼロであれば相関がないことを表します。投資戦略として同じ方向にリスクを取りたくないのであれば、共分散がマイナスか、相関の少ない投資をできるだけ多く選ぶことになります。

先程は個別株式の話でしたが、株式市場全体と個別の株式の関係を表したものをβ

（ベータ）と呼びます。βは株式市場全体が上昇する際に、個別株が全く同じような上昇をするのか、例えば市場が1％上昇した際に個別株が1％上昇するのかを回帰分析によって表しています。全く同じ動きであればβは1となります。

投資家はリスク（不確実性）を嫌います。**現在価値に引き直された将来のキャッシュフローは、「将来」である限り不確実です。**例えば、将来必ずリターンを返してくれると考えられる政府の発行した国債よりもリターンが低いのであれば、不確実性の面からその投資を行なわずに国債に投資するのが合理的な選択となります。ファイナンスの世界では国債はリスクフリー資産（無リスク資産）とされています。

株式に投資をするということはこうしたリスク（不確実性）を取っているので、お金を必ず返済してもらえる貸付より投資家の期待するリターンは高くなります。「**これだけのリスクをとっているのだから、うまくいったらこれだけのリターンはもらわないと**」という感覚です。

投資家は同じような会社にばかり投資すると、何かが起きた際にすべての投資に損失が出るのではないかと考え、リスク管理の観点から、複数の会社に投資するのであれば、分散投資をし、お互いに相関の低い会社を選ぼうとします。

情報の非対称性に注目する

もしも株式市場において、ありとあらゆる情報が瞬時に株価に反映されて価格形成がされるのであれば、誰かが他者を出し抜いて利益を上げ続けることは不可能だといえます。こうした考え方を効率的市場仮説と言い、ポートフォリオ理論もこの前提をおいていますが、もちろん市場は完全に効率的ではありません。

市場には情報の売り手と買い手に大なり小なり**情報の非対称性が存在します。**同一のものがAとBという場所で異なる価格がついていれば、その価格差の情報を知っている人は安いところで買い、高いところで売って利益を上げることができます。これをアービトラージ（裁定取引）と言います。市場において情報の非対称性の解消とアービトラージが進むと価格が同一に収斂していくと考えられます。

効率的市場仮説においては、CAPMでは理論的に説明が難しい小型株効果（時価総額が小さい株式のほうが収益率が高い傾向）や割安株について、ファーマフレンチの3ファクターモデルという理論がさらに進んだ証明を行なっていますので関心のある方は参照してください。

株式や債券のトレーディングでは完全に効率的ではない市場において、市場の歪みを探すことによってアービトラージを行ない、収益をあげることを考えます。もちろん市場の歪みが是正されるとアービトラージの機会は失われます。

ファンドマネージャーのような市場で収益を狙うプレイヤーの勝ち負けは、日経平均株価やＴＯＰＩＸといったインデックスをベンチマークし、それらのインデックスのリターンに勝つかどうかで測られます。個別株式を売買しアクティブに投資を行なっていくには売買手数料もかかります。そうしたファンドマネージャーがインデックスに負けるのであれば、最初から個別株ではなくインデックスに連動するＥＴＦのような金融商品を買えば良いことになります。

5 コーポレートファイナンスを理解する

コーポレートファイナンスとは何か？

それではここまでに理解したファイナンスのコンセプトを使ってコーポレートファイナンス（企業金融）について考えてみます。

会社とは、何らかのビジネスアイディアのために市場（投資家）や銀行（債権者）から資金調達を行ない、その事業のために投資を行ない、事業から得た収益を再投資して事業規模を拡大するか、投資家や債権者に収益を分配する仕組みです。コーポレートファイナンスとは企業の資金調達の方法を考えることです。

P/L, B/S, CFの仕組み

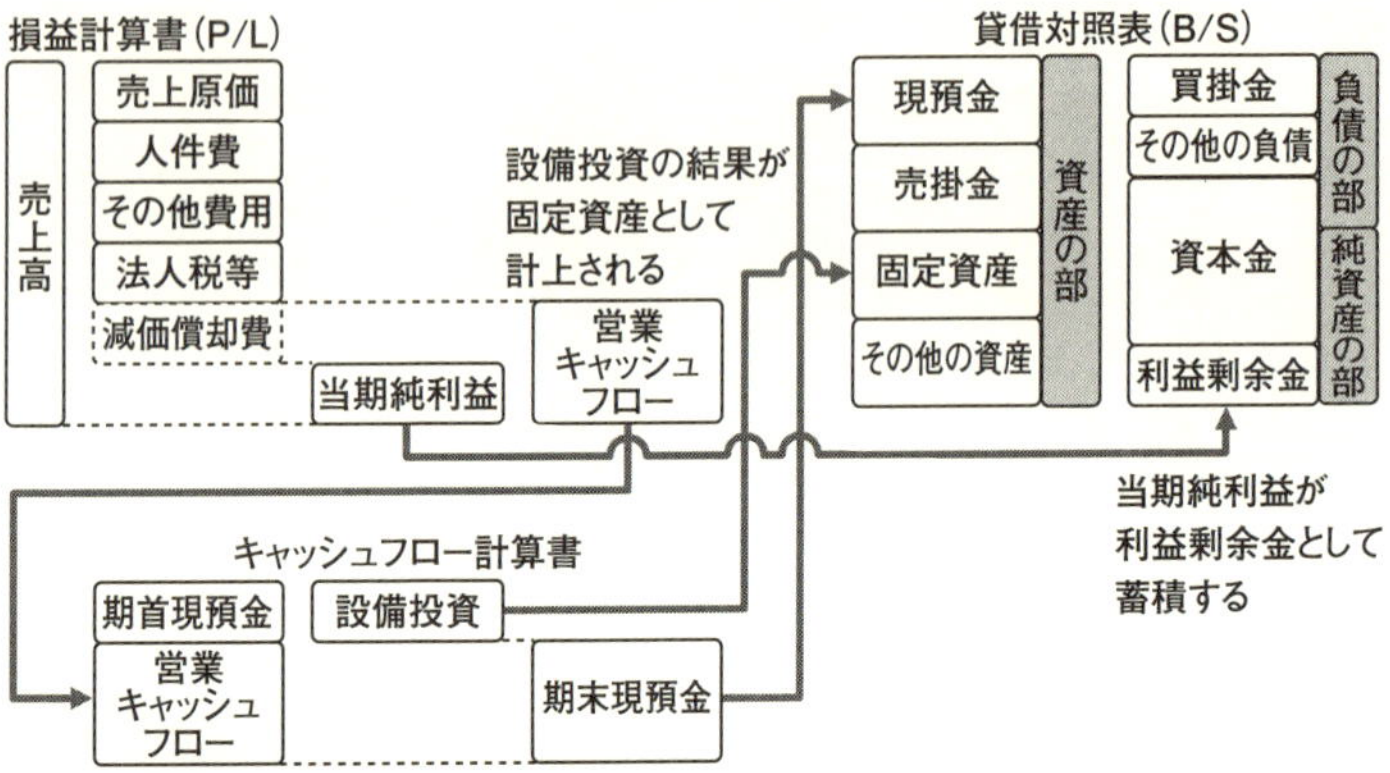

儲かりそうなアイディアに投資が行なわれ、儲かったら山分けするという基本的な概念は、東インド会社の頃から変わっていません。現在においては昔の航海での宝探しのようなプロジェクトより会社に永続性があり、長期的な企業価値の拡大が目的になっているところが異なる点でしょう。

投資家と債権者の視点を比べる

あなたがどこかの会社への投資や貸付を考えているとしましょう。ファイナンスを仕事としている人は株式をエクイティ（Equity）、貸付（ローン）をデット（Debt）と呼ぶことがありま

議決権ごとの主な権利

議決権所有割合	主な権利
3%	・帳簿閲覧権 ・業務執行に関する検査役選任請求権、株主総会召集請求権、役員解任に関する訴訟提起
33.4%	・株主総会特別決議事項の否決
50.1%	・株主総会普通決議事項の可決
66.7%	・株主総会特別決議事項の可決

す。まず、お金の投資（株式）と貸付は異なったものです。

　投資であれば会社の株式を取得します。株式は会社の所有権を小分けにしたものと考えられます。株主は持分比率に応じて、会社の経営に関与する権利である議決権を持つことができます。

　一方で株式は貸付のように一定の利息の支払いがあるわけではありません。利益が出た場合に株式配当がある可能性がありますが、それも利益が出るかどうかによります。そして会社の事業からお金が生み出されて企業価値が大きくなると、会社の所有権を小分けにしたものである株式の価値も上がり、株価が上がっていきます。会社が無くなればその出資した

事業価値とキャッシュフローの概念図

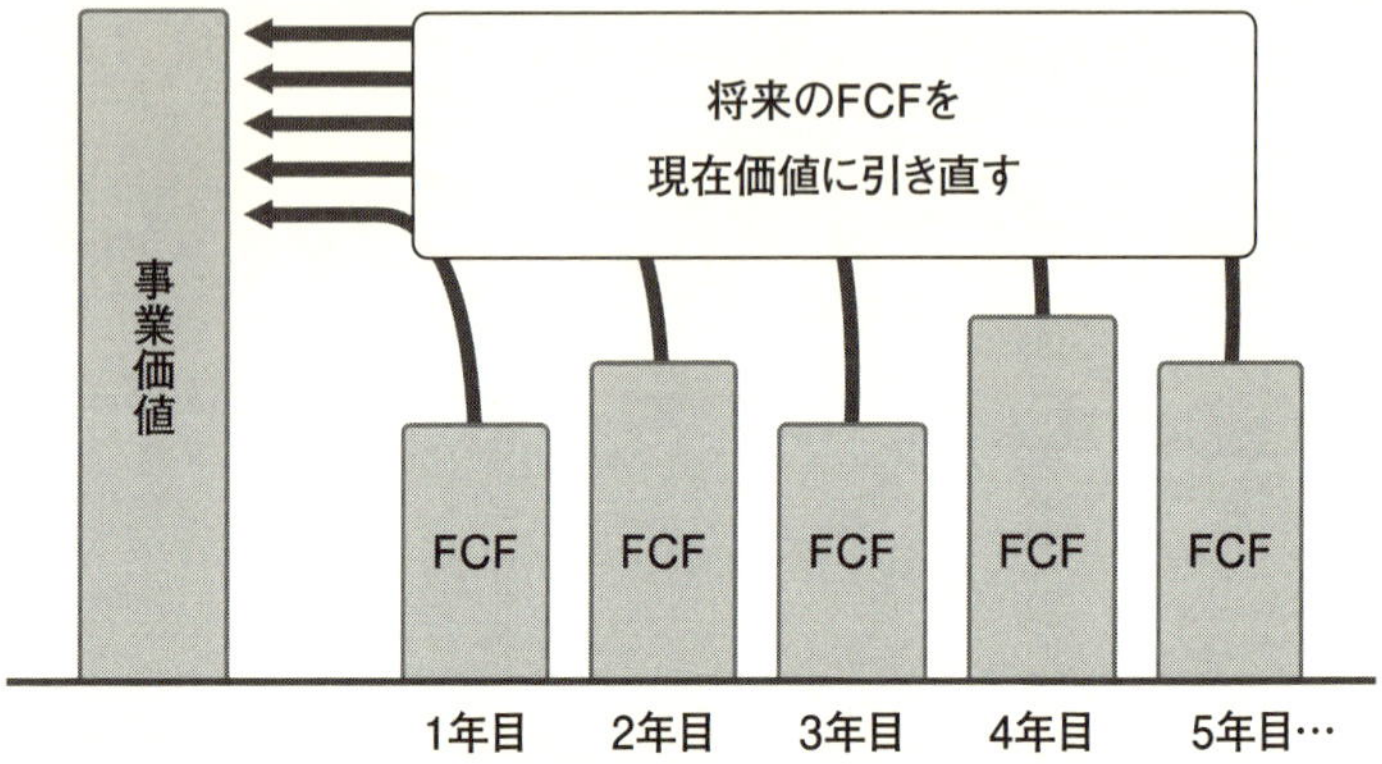

金額は返ってきません。

投資家は常に良いビジネスアイディアを探しています。既存の会社が、新製品を出したり、新しい事業を始めたりすると、その事業の成長に期待して会社の株式を買うことになります。それは将来、新しい事業から生み出されるキャッシュフローをあてにして、今、株式を買っているのです。

お金をアイディアのある会社という「箱」に投資するとお金（キャッシュフロー）をつくりだしてくれます。会社の企業価値は将来のキャッシュフローで決まります。投資家は将来のキャッシュフローの合計を現在価値に引き直して、そ

各価値の関係図

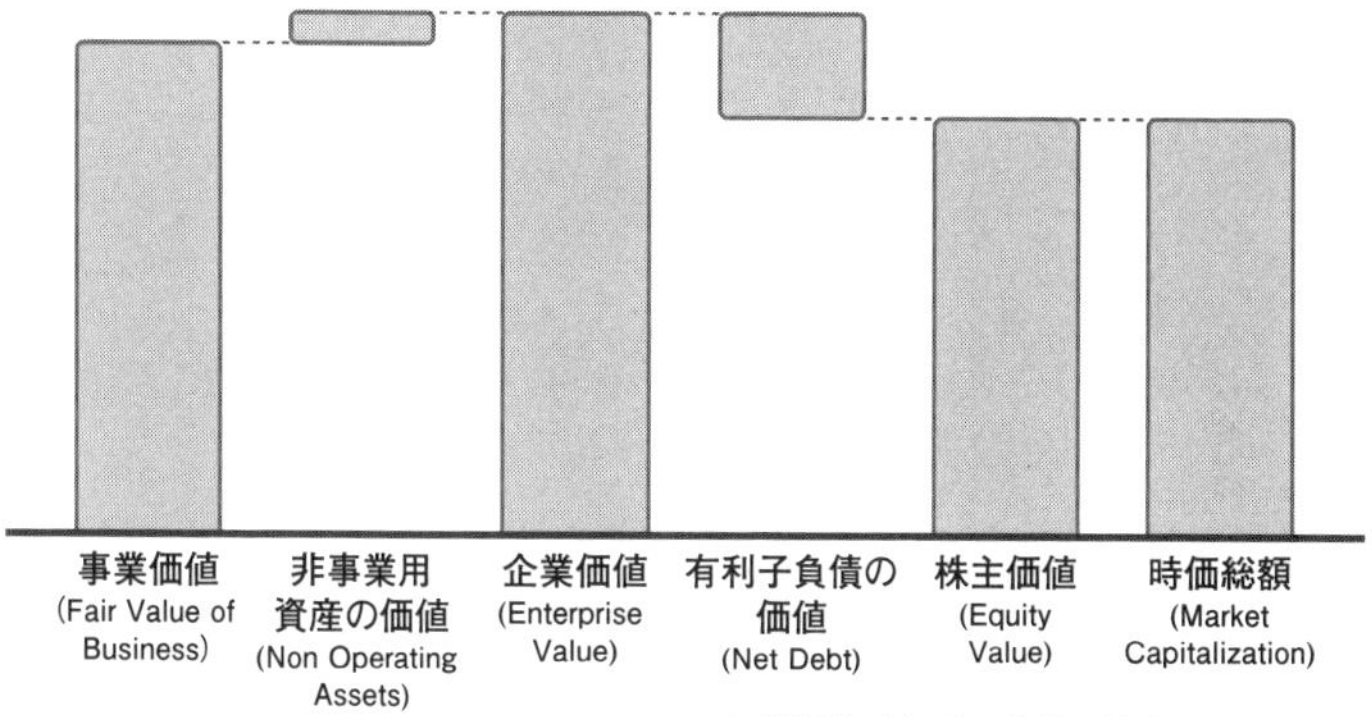

企業価値が有利子負債と株式に配分される

の金額を現在の価値と比較します。現在価値に引き直された将来の価値に投資することは、金の卵を産む予定のガチョウを今のうちに買っておくことと同じことです。

企業価値とは何か？

会社とはキャッシュフローを生み出す箱だと説明しましたが、その会社の価値について考えてみます。M&Aなどで使われる「あの会社はいくらか？」という話です。こうした企業価値評価のことをバリュエーション（Valuation）と呼びます。

バリュエーションでは事業価値、企業価値、有利子負債の価値、株主価値、時価総額という言葉が出てきて紛らわしいので図に整理します。

ここでは企業価値の定義である式を覚えておいてください。

企業価値（Enterprise Value＝ＥＶ）＝株式時価総額＋ネットデット

ネットデット（Net Debt）＝有利子負債－現金

株式時価総額＝株価×発行済株式数

よって、仮に発行済株式数1万株、株価千円、長期借入金2百万円、現金百万円の会社があれば、株式時価総額1千万円（1万株×千円）、ネットデット百万円（2百万円－百万円）となり、企業価値は11百万円（1千万円＋百万円）となります。

企業価値はどれだけキャッシュフローを生み出せるか？　どれだけ資産を持っているか？　から決まりますが、その算定方法には大きく3つあります。

1．マーケットアプローチ　株式市場を参照して算定する、類似会社比準法など

2．ストックアプローチ　現在の資産の価値で算定する、時価純資産法

3．インカムアプローチ　企業が将来生み出すキャッシュフローの現在価値で算定する、ＤＣＦ法

実務的にはバリュエーションを行なう際は複数の方法を使用し、レンジでおおよその企業価値が算定されます。Ｍ＆Ａではそのレンジを基に交渉が行なわれます。

類似会社比準法はキャッシュフローを参照したＥＶ（企業価値）／ＥＢＩＴＤＡ倍率によって企業価値を算定する方法が一般的です。また上場株式ではＰＥＲ（ＰＥ、株価収益率＝時価総額／純利益、または株価／一株あたり純利益）もよく使われます。倍率のことをマルチプルとも呼びます。ＥＢＩＴＤＡ（Earnings Before Interest, Tax, Depreciation and Amortization）は営業利益＋減価償却費で求めます。株価は将来のキャッシュフローを織り込んでいると考えられるので、通常は予想ＥＢＩＴＤＡを使用

します。算定する際は業種等を参考に同一業界（セクター）の複数社を選び、EV／EBITDAによって倍率を算出し、次に企業価値を算定したい会社のEBITDAに倍率をかけます。

この方法は簡易な計算でおおよその企業価値を算定することに向いていますが、評価対象会社の個別内容が反映されないという面があります。そのため初期的に市場の期待値と規模感をつかむことに向いている評価方法だといえます。

私がM&Aに関わってきた経験からすると、あくまで感覚的にですが、EBITDA倍率5倍近辺は安く、10倍以内で適正、10倍を超えたら高く、15倍を超えたらかなり高いといった感覚を持っています（私の感覚は投資銀行のバンカーより、買った後に企業を経営していく人間に近いので、バンカーよりは保守的かもしれません）。

時価純資産法は企業の時価評価後の純資産を使うため、理解しやすく客観的な方法ですが、企業の将来のキャッシュフローが反映されません。

企業価値を計算してみる

それでは最もよく使われるインカムアプローチであるDCF法（Discounted Cash

Flow Model）によって企業価値を評価してみましょう。

ＤＣＦ法によるバリュエーションを解説した書籍はたくさんありますが、実務で最も重要なのはフリーキャッシュフロー（ＦＣＦ）の予測です。ＦＣＦは企業が事業を運営することによって創出した現金のうち、株主と債権者に対して分配可能なものであり、事業継続に必要な運転資本と設備投資を除いた後の現金です。

ＤＣＦ法は将来生み出されるＦＣＦの合計を資本コストで割り引いて現在価値を求めるバリュエーションなので、ＦＣＦの予測を間違えると企業価値そのものを間違えてしまいます。**ＤＣＦ法はＦＣＦ予測に大きく依存した方法である**といえるでしょう。この予測には金融的知識ではなく事業の正しい見立てが必要となります。ＤＣＦ法はＦＣＦ予測さえしっかりできれば、後は単なる計算であるとも言えます。

ＦＣＦ予測はエクセルで財務モデルを組み、Ｐ／Ｌの過去の業績推移や経済環境の変化などの前提条件を置き、複数のシナリオをつくります。通常は大きくベスト、ノーマル、ワーストケースの3パターンを作成し、そこからシナリオを分岐させます。売上や費用に影響を与える「ドライバー」を設定し、例えば顧客数であれば、新規顧客と既存顧客のようなドライバーの数値を前提によって変更できるようにエクセルのファイルを加工します。

DCF法の計算プロセスは、①FCFを予測し、②資本コストから割引率を計算し、③企業の継続価値を計算し、④FCFの現在価値を算定することになります。

それでは企業価値が算定されるまでの細かい計算ステップを見てみましょう。

まずは対象企業のP／LとB／Sを参照して、FCFを計算します。FCFはP／Lの利益とは異なりますのでP／Lの利益の加工が必要です。まずはNOPAT(Net Operating Profit After Tax、税引後営業利益)を計算します。税率を使用しますが、例えば東京都の外形標準課税適用法人の実効税率は2014年で38・01％です。

NOPAT＝EBIT（営業利益）×（1－実効税率）

NOPATが出たらFCFを計算します。減価償却費は実際には現金が出ていかないのでP／Lに戻し、設備投資は現金が出ていきますが資産に計上されるため、P／Lの費用に含まれていません。しかし、実際には現金が出ていくので差し引きます。

FCF＝NOPAT＋減価償却費－設備投資額－運転資本増加額

設備投資額＝固定資産の前年からの増加額

運転資本（Working　Capital）＝（売上債権＋棚卸資産＋その他流動資産）－（仕入債務＋その他流動負債）

DCF法ではFCFを企業の資金調達にかかるコストである加重平均資本コストによって割り引きます。加重平均資本コストは株主資本コストと負債コストの加重平均から成り立っています。株主資本コストと負債コストは別々に計算します。

まずは株主資本コストですが、これは配当のことではなく、株主の期待リターンのことです。それをCAPM（キャップエム、Capital Asset Pricing Model、資本資産価格モデル）を使って計算します。投資に共通するリスクフリーレートに個別企業のリスクを加味することを表したのが次の式です。

株主資本コスト＝リスクフリーレート＋β×マーケット・リスクプレミアム

リスクフリーレート：新発10年日本国債利回りを使用（日本企業の場合）

β：ＭＳＣＩ社ＢＡＲＲＡやブルームバーグ社のデータを参照した個別企業の数値
マーケット・リスクプレミアム＝（期待収益率－リスクフリーレート）＝イボットソン・アソシエイツ社のデータ等を参考にすると日本の株式市場では５・５〜６・５％

次に負債コストですが、支払利息を負債合計の前期と当期の期中平均で割ることで求めます。

負債合計＝短期借入金＋１年以内に返済期限の到来する長期借入金＋社債及び長期借入金

株主資本コストと負債コストが計算できたところで、ＦＣＦを割り引くための加重平均資本コスト（ワック、ＷＡＣＣ、Weighted Average Cost of Capital）を計算します。

ＷＡＣＣ（加重平均資本コスト）＝有利子負債／（有利子負債＋株主資本）×負債

コスト×（1－実効税率）＋株主資本／（有利子負債＋株主資本）×株主資本コスト

継続価値（TV、Terminal Value）を計算します。継続価値はFCF予想期間の最終年度の企業価値です。予想FCF期間は通常は5年、長くて10年のものを作成しますが、予想期間後も企業活動は続くと想定し、FCFが永遠に一定率の成長を続けるという前提で永久還元方式によって最終年度の企業価値を計算します。

継続価値は、5年間の予想FCFであれば、5年目のTV＝6年目のFCF／（WACC－FCFの成長率）

WACCを割引率（Discount Rate）に使いX年分のFCFを割り引く。

実際には、FCFにWACCから算出した割引係数をかけます。（ここでは5年間）5年間の予想FCFと継続価値をWACCで割り引いて現在価値を計算し、5年間の予想FCFの現在価値と継続価値の現在価値を足し合わせると企業価値となります。

企業価値評価(バリュエーション)のモデル

バリュエーション（例示・簡易版）

（百万円）

	1年目	2年目	3年目	4年目	5年目	継続価値
営業利益(EBIT)	5,000	6,000	7,000	8,000	9,000	10,000
+NOPAT(営業利益×(1−実効税率))	3,100	3,720	4,340	4,960	5,580	6,200
(実効税率)	38%	38%	38%	38%	38%	38%
+減価償却費	500	500	500	500	500	500
−設備投資額	500	500	500	500	500	500
−運転資本の増加額	0	0	100	100	200	200
フリーキャッシュフロー(FCF)	3,100	3,720	4,240	4,860	5.380	6,000
継続価値						75,184
現在価値への割引係数(=1/(1+WACC))	0.92609	0.85765	0.79426	0.73556	0.68120	0.68120
FCFの現在価値	2,871	3,190	3,368	3,575	3,665	51,216

WACC	8.0%
FCFの永久成長率	0.0%
5年目までのFCFの現在価値の合計	16,669
継続価値の現在価値	51,216
企業価値	67,884

*WACC は別計算

ここで企業価値の定義である式を思い出してください。

企業価値＝株式時価総額＋ネットデット

よって、株式時価総額＝企業価値－ネットデット

ネットデット＝有利子負債－現金

株価を計算するには株式時価総額／発行済株式数となり、ＤＣＦ法により算出された株価を理論株価と言います。あなたが予測した事業のシナリオからＦＣＦが予測され、そこから企業価値が算定されたのです。算定された理論株価と現在の株価を比較すれば、株価が割安か割高かがわかります。つまり、あなたの考える事業シナリオからすれば、現在の株価は過大評価か過小評価かを示すことができるのです。

いかがでしょうか？　Ｍ＆Ａで使用する企業価値評価もこれだけ覚えておけば基本的に計算可能です。恐れる必要はありません。

経営者と株主の利害を調整する

日本国債や企業の発行する社債のような債券であれば、毎期に一定額の金利が払われ、満期を迎えると元本が戻ってきます。国債は購入者が国に対して貸付（ローン）を行なっていることと同様です。

一方で会社の株式を購入した場合に購入者は株主となり、株主は会社の一部を所有してはいますが、経営については経営者に委任している状態になります。そのため株主としては貸付や債券のように一定額が支払われることが約束されているわけではなく、経営者に企業価値、つまりは株式の価値の向上を託すことになります。

こうした際に論点となってくるのが、プリンシパル・エージェント問題（Principal Agent Problem）です、プリンシパルとは「主体」のことで、エージェントは「代理人」のことです。この場合は株主がプリンシパルであり、経営者がエージェントです。株主は経営者（取締役）に経営を委任しており、経営者は会社の利益のために最大限の努力をしなければなりません。

株主が会社の中のことを隅々まで知ることは現実的には不可能です。**株主と経営者**

の間には情報の非対称性が存在します。また、株主が株式の配当を多くしてほしいと思っていても、経営者は自分の報酬を多くしたいと思うかもしれません。このように株主と経営者には異なったインセンティブが存在します。

このように**株主というプリンシパルと経営者というエージェントの間での利害調整のための設計を行なう**ことがコーポレートガバナンス（企業統治）の目的の一つです。経営者（取締役）のインセンティブはその責任と報酬によって設計されています。取締役の負っている義務と報酬には具体的には次のようなものがあります。

・任務懈怠責任

取締役が任務を怠ることによって会社に損害が生じたときに、会社及び第三者に対して損害賠償責任が生じます。

・利益相反取引の禁止

取締役個人と会社の利益が相反する取引は原則として禁じられており、もしも取引を行なう場合には自社の承認を得ることが必要となります。

・**競業避止義務**

自社と競業する事業を別会社や個人で行なうことは原則として禁じられており、もしも取引を行なう場合には自社の承認を得ることが必要となります。

取締役の報酬制度には固定報酬、変動報酬（業績連動報酬とストックオプション）があります。経営者は事業のためにファイナンス（資金調達）を行なって株主を増やしますが、株主に適切な情報開示を行なうことによって情報の非対称性を解消しようとします。これは資金提供を受けたが故に生じる経営者にとっての説明責任であるとも言えます。

株主側としては資金提供をしたが故に、情報が閉ざされた密室で経営を行なわれることを嫌がります。最も顕著な例が社長や取締役といった経営陣の選任です。日本企業では従来、現社長が後任にしたい社長を呼び出して「次の社長は君だ」と言うような人選を行なってきました。現経営陣は後継者人事という強力な武器を持っていたわけですが、こうした人事も本当に適正であるか株主への説明責任が生じます。次のトップを決めるプロセスの可視化は究極のコーポレートガバナンスと言えます。

ベンチャー企業は上場（ＩＰＯ）を目指す場合も多いでしょうが、上場は株式売却益（キャピタルゲイン）による創業者利得のためだけではなく、株主を増やし広くあまねく資金調達を行なう手段です。そのため上場によってより詳細な情報開示が必要になり、株主から規律を求められるのは当然です。言い換えれば、情報開示をしたくない、株主に何か言われたくない会社は上場すべきではありません。

プリンシパル・エージェント問題は株主と経営者の関係だけでなく、従業員や取引先といったステークホルダー（利害関係者）の間にもあります。また、政策について国民と政治家、官僚といった関係にもあります。国民は有権者として政治家に強く、政治家は官僚に強く、官僚は国民に強いという力関係の中で、本来のプリンシパルたる国民（納税者）のための政策が行なわれているのかという課題です。

また、政府が特定の産業分野の成長を促進させる、いわゆるターゲティングポリシーを行なった際に、仮に趣旨自体は正しくても、その政策を実行する外郭団体や機構がエージェントとして効率的に動かなければ政策は失敗します。政策の実行部隊が政策趣旨を忘れて、官僚組織の自己保存のために動くことはエージェントとしてよくあるため、それを見越したガバナンスが必要です。

ビジネスでも政策でもプリンシパル・エージェント問題の観点からインセンティブ設計を考えることは知っておくべきフレームワークの一つです。

ファイナンスは設計するもの

あなたが金銭消費貸借契約によって会社にお金を貸し付けると、その貸付の債権者になります。銀行ローンのような貸付の場合、会社は金利に応じて利息を支払い、一定の期間が経過すると元本の返済を行ないます。株式と大きく違うのは、貸付は原則として返済されるお金だというところです。会社が経営不振に陥った際には、会社の資産が売却されたりして現金に換えられ、株式に優先されてお金が戻ってきます。

貸付はとにかく貸付先である会社の返済能力を見ています。利息を払ってくれて元本を返済してくれるのであれば、事業から生まれたキャッシュフローからでも、土地を売ってつくった現金でも何でも良いのです。極論すれば債権者が不動産を担保にとっておけば、会社が経営不振に陥ったとしても、不動産を売却して貸付を返済してくれれば問題ないのです。

ここまでは投資家（株主）と債権者というお金の出し手側から見てきましたが、今度はアイディアを持ったあなたがファイナンスを設計してみましょう。この「ファイナンス」は狭義の「資金調達」の意味です。また、会社の資本構成（B／S、バランスシート）の設計をすることをストラクチャリングと呼びます。

会社は資金調達をし、事業に必要な投資をし、事業活動を営み、再投資することから成り立っていますが、ファイナンス（資金調達）を考える際は①事業の必要資金と②想定される収益の2つから考えます。これは会社ではなく、1つのプロジェクトでも同様です。検討する際はエクセルでモデルを組みます。

事業には人件費や設備投資などに使う資金が必要です。収益が再投資されるまでは手持ちの現金で賄わないといけないかもしれません。この場合、手持ち資金は使わないものとします。資金調達方法には①株式の発行と②借入の2つの方法があります。株式を発行するとそのお金は自己資本に組み入れられます。株式は返済の必要はありませんが、議決権を株主に渡さなければなりません。会社に何か資産があればそれを担保に借入（ローン）を行なえますが、利息の支払いができるか否か検討が必要です。もちろん株式発行と借入を組み合わせて資金調達をすることもできます。先述のように投資家と債権者が何を見てお金を出してくれるのかを考えるべきです。

会社法108条には「種類株式」に関する規定があり、会社は異なる定めをした内容の異なる2つ以上の種類の株式を発行することができると記載されています。そのため株式と借入の中間のような優先株式を設計し資金調達をすることが可能です。

優先株は通常の普通株式より優先的に配当金を受け取れたり、会社の財産を優先的に受け取れるといった権利内容の設計が可能です。このように普通株式より経済的に優遇される代わりに通常は議決権について制限されます。優先株を使って、「経済的リターンは多めにするので、経営には口を出さないでほしい」という経営者の意図を汲んだファイナンスの設計も可能です。

単純化して言えば、投資銀行や証券会社による財務アドバイスというのは、こうした**資金調達を行ないたい企業と資金を効率的に運用したい投資家をマッチングし、それらのニーズにあったファイナンスの設計を行なう**ことです。その際にはお金の出し手側（投資家）の特性やニーズに関して知見があることがスムーズなファイナンスを可能にします。つまり同じ投資家でも、ハイリスク・ハイリターン狙いのベンチャーキャピタルと安定的な運用を好む年金ファンドでは志向する投資対象が異なるのです。

ファイナンス的思考は常に本質に戻って

「**取っているリスクは何なのか？　期待しているリターンは何なのか？**」がファイナンスにおける大きな問いです。２００８年に起こった米国のサブプライムローン問題に端を発するリーマンショックでも「取っているリスクは何なのか？」が重要でした。

サブプライムローンと呼ばれる信用力の低い人向けの住宅ローンは他の格付の高い債券と組み合わされることによって福袋のようにパッケージング（証券化）されていきました。その福袋にはポートフォリオ理論によって非常に複雑でわかりにくい計算がなされた結果、リスクは軽減されていると書かれていました。そうした福袋を高いリターンを求める投資家達が争うように買っていったわけですが、そもそものリターンの源泉（原資産）は低所得者層の住宅ローンの返済のお金だったのです。これはどんなに金融商品として計算され混ぜ合わされたとしても、取っているリスクは返済率の低い住宅ローンということを思い出すべきだったのです。サブプライムローンによって世界中の頭の良さそうな人がいる金融機関のいくつかは潰れ、残りは存続の危機に瀕しました。

ファイナンス的思考においては、常に基本と本質に戻り、「**わからないものには投資しない**」や「**いつでもポジションを解消できるものに投資する**」というスタンスをとることが大切です。

一方で事業に投資してもらうためには、投資家に事業を理解してもらい、投資家のニーズにあった資金調達、ハイリスク・ハイリターンが良いのか、それとも、安定した配当が良いのかといったリスク・リターンを設計することがファイナンスなのです。

ビジネスと契約は切り離せない

ビジネスにおいて取引が行なわれる際に必須のもの、それは契約です。プロフェッショナルであれば契約書や法律にしり込みするのではなく、法的に考えることができるべきです。あなたがプログラマーだとしたら、契約書とは相性が良いはずです。契約書もプログラムも正確な定義と参照を行なわないと動きません。また、定型化されたモジュールを使うことによって作成が効率化できる点も似ています。あなたに論理的思考ができれば法的な問題も論点整理をして理解することができます。

ここではビジネスにおける「契約」を例にして、その流れを考えてみましょう（日本国法に依ります)。

契約の定義は「**二人以上の意思表示の合致により法律効果が発生する法律行為**」と定義されます。これは契約書がなくても口頭での意思表示があれば成立します。ビジネスにおいて契約書を締結するのは、コンビニでコーヒーを買うような低額で日常的な行為と異なり、高額な取引について後で「言った、言わない」という争いになることを避けるためです。

例えば売買契約であれば、「あなたに目的物を売ります」という申込みと「その目的物を買います」という承諾によって契約が成立します。

契約が成立すると「権利義務」が発生します。これが重要なところです。「権利」とは「~することができる」ということであり、「義務」とは「~しなければならない」ということです。**この「権利」と「義務」は常に対応関係にあります。**一旦、契約が成立すれば、契約当事者は勝手に義務の履行を取り止めたり、権利義務の内容を変更することは原則としてできません。

売買契約が成立しているのであれば、売主は買主に代金を請求する権利が発生し、買主は売主に目的物を引き渡してもらう権利が発生します。こうした「人に対する請求権」のことを「債権」と呼びます。一方で買主から見れば売主に代金を支払う義務、売主から見れば目的物を引き渡す義務が発生しています。このような義務を「債務」と呼びます。契約が成立すると法律効果として「債権債務」が発生することを覚えておきましょう。

契約の法律関係を考えるには「**誰と誰が、どんな債権債務を持っているか**」を整理することから始めましょう。

契約には通常、条件や期限があります。条件とは将来実現するか確かでないことに契約の効力を係らせることです。条件には二種類あります。一つはある事実が起きれば契約の効力が発生するもの、これを停止条件と言います。もう一つはある事実が起きれば契約の効力がなくなるもの、これを解除条件と言います。

契約の期限は時期がくれば効力が発生する始期と、時期が来れば「12月末日に契約を終了する」のように契約の効力が消滅する終期があります。借入などで「期限の利益」という言葉をよく使いますが、これは期限がやってくるまで支払いをしなくてよいという利益のことを指します。

売買契約の成立によって発生した債権債務は目的物が引き渡され、代金が支払われれば消滅します。これを「**弁済**」と言います。もしもお互いが相手に対して同じ金額の債権債務を持っている場合、それらによって「**相殺**」を行なうことも可能です。

契約があるのに、それが債務者の責任で（責めに帰すべき事由によって）履行されなかった場合、それを「**債務不履行**」と言います。債務不履行には3つのパターンがあります。①履行遅滞＝期日に遅れること、②履行不能＝履行が完全にできなくなってしまうこと、③不完全履行＝履行が不完全なこと、です。

このように契約があるのに債務不履行になった場合の対処方法は、①強制履行＝裁判所によって履行を強制すること、②損害賠償＝債権者が債務者に契約の不履行によって生じた損害の賠償を請求すること、③契約の解除＝契約がなかった状態に戻すこと、があります。

契約の基礎となる考え方を見てきましたが、ビジネスにおける契約書とは、その取引内容を書面に落とすことによって関係者の権利義務を明確にするためのものです。権利義務を明確にし、確実に取引を実行してもらいます。

契約書では契約主体や目的物、債権債務を確認し、関係者の経済的負担のバランスを見ていきます。契約書をつくることとは、関係者間でリスクの配分を設計することなのです。ファイナンスの実務であれば、エクセルでモデルを作成し、経済性を検討した上で、今度は契約によって当事者間の権利義務を規定し、何らかの行為を促しているのです。また、想定される事象について明示的に記載することで後に紛争となることを予防します。

また、ビジネスにおいて紛争が起きた際にも誰と誰がどういう対立をしているか、どういう債権債務があるかに着目します。弁護士であればこのように法的論点を発見し、次に条文と判例を参照しますが、ビジネスパーソンであれば自分の業務に関連する条文と判例に触れておくことが大切です。紛争について弁護士に相談する際も対立の事実関係を相談前にクリアにしてから相談すれば時間とコストの削減となります。判例を読みこなすのは難しくても、日頃から旬刊『商事法務』を読むことによって最近のビジネス上の法的論点について知ることができます。

ビジネスにおいて法律や契約から逃げないようにしましょう。

第3部 資本・業務提携シミュレーション編

1 海外企業と資本・業務提携できるレベルをめざす

アイディアは確実に実行する

今の世の中で最も価値があるのはアイディアですが、アイディアは実行しなければ意味がありません。

日々、新しいビジネスをニュースで目にしますが、多くのものが既に誰かがどこかで考えていたものです。

「あのアイディアは考えついていたのにな」と言わないように、アイディアを考えたら実行しましょう。「3Dプリンターは料理に向いていると思っていた」や「日本の海底にはメタンハイドレートが埋蔵されていると思っていた」というように、実行を待っているアイディアは世の中に無数にあり、アイディアが良ければファイナンス

（資金）がつくものです。

プロフェッショナルとして付加価値を出すには2種類の方法が考えられます。

1つは、素晴らしいビジネスアイディアを次々と構想できること。例えば「**自社の製品に他社のあの技術を加えて、あの顧客に売ったらどうだろう？**」といったアイディアを構想できることです。

2つめは、そのアイディアを精緻にミスなく実行し、軌道修正しながら目的を達成できることです。

これらの2つともできる人がいれば良いのですが、そういった人の数はそんなに多くありません。そしてどちらかができるだけで価値がありますし、現実のビジネスではアイディアは多いけれども実行力のない人より、ミスのない実務家のほうが重宝されることも真実です。

プロフェッショナルとしては、ミスのない実務家から出発して「**構想して、実行する**」ことの両方の力を伸ばしていくべきです。

アイディアを実現するための実践的なケースとしては、

「1人で海外に行き、現地企業と資本・業務提携してこられるか？」

という問いがちょうど良いと思います。

私は企業研修などで、「**何ができたらプロと言えますか？**」という質問をよく受けますが、経営層であれば、こうしたプロジェクトの内容を理解して適切な意思決定ができるかですし、実務担当者であれば、これを自分でできるかどうかだと思います。

もちろんスキームの設計に関してはファイナンシャルアドバイザーや弁護士、会計士などを使うでしょうし、現地調査について現地のコンサルタントに頼むこともあるでしょう。しかしながら、あなたがコントロールタワーとなって、プロジェクトを事故なく実行するためには、プロジェクトの目的と全体像を理解し詳細を詰める必要があります。

あなたが大企業にいるとして、雇っている戦略系コンサルティング会社が「分析の結果、A国のB社との提携を視野に入れるべき」という報告を出したとしても、実際の提携の実務を担当するのはあなたの会社であり、あなたです。一方で証券会社やファイナンシャルアドバイザリーサービス会社はトランザクション（提携実務）部分しか行ないません。そして会社のためを思ってリスクのあるトランザクションを中止することはなかなかなく、案件を成立させようとするインセンティブが働きます。

プロフェッショナルなら、それまでにどんなに時間を費やしていても、当初の戦略的目的が達成できないディール（取引）はやめるべきです。

資本・業務提携には、事業、財務会計、ファイナンス、法務、交渉、語学といった能力が短期集中的に必要とされますし、社内で梯子を外されないための根回しや説明といった政治的なスキルも必須となります。そういう意味で、資本・業務提携のプロジェクトには戦略家に必要な内容が詰まっていると言えます。また、「**どこへでも出かけていって商売をまとめてくる人**」の人材価値は当然高いものとなってきます。

それでは、ここからは実際に海外での資本・業務提携の実務についてそのプロセスを見ていきましょう。

海外での資本・業務提携の実務

❶戦略的目的の設定
❷提携先のロングリスト・ショートリストの作成
❸事業計画の策定
❹リスク分析
❺資本政策の策定
❻意向表明書（LOI）の提出
❼デューデリジェンス
❽タームシートの作成
❾交渉
❿最終契約
⓫立ち上げからオペレーションのモニタリングまで

それでは順に見ていってみます。

①戦略的目的の設定

他社との提携には必ず何らかの経営戦略上の目的が存在するはずです。「どれくらいの期間で何を得たいか」という目的を明確に定義し、意思決定者と内容について握り、周囲とプロジェクトのコンセンサスを形成します。

海外での企業提携の場合、現地支社は「余計なことをするな」と考えているかもしれませんし、日本の本社は「現地に任せてはおけない」と考えているかもしれません。他社から持ち込まれた案件をなんとなく検討して、なんとなく交渉をはじめるのは時間の無駄となります。

プロジェクトで新たなリスクが生じたり、経済性が合わないと判断した場合には、**その場でプロジェクトを中止する勇気を持つべき**です。例えば技術を目的に提携しようとしたのに、その技術の知的財産が使えないことがわかったらプロジェクトを中止すべきです。そのままプロジェクトを継続し出資をしてしまってから撤退することは難しいものです。

私はある会社に数百億円の投資を行ない、市場で株価が下がるなか流動性が枯渇し

「株が売れない」という状況になった経験がありますが、企業提携のプロジェクトでは常に撤退プランを考慮すべきです。金融的にはポジションの解消をすると表現しますが、ポジションの解消方法やその検討をしておくことは重要です。

2008年のリーマンショックの時には市場の流動性が枯渇し、世界中で組み上げられた金融スキームが解消できないという事態になりました。このように経済環境が変化することも視野に入れるべきです。マーケットでは「**パーティを楽しみなさい、でも踊るのはドアの近くで**」という言葉があります。

事業目的を達成するために「提携」を企業が選択した場合は、次の選択肢の比較を行なった結果であると考えられます。

1．自社だけで事業を行なう
2．他社を買収して事業を行なう
3．他社と提携して行なう

これは一言でいうと、「**自社か、買うか、借りるか？**」**のどれを選ぶのか**、という問いになります。「借りる（提携）」を選択することは他の選択肢（Options）よりも目的達成において実行可能性×インパクトの点で優位だったはずです。目的は本質的には何らかの顧客への価値提供でしょうが、目的が明確に定義されれば、りんごとりんごを比較するようにプロセスの選択肢を比較することができます。

②提携先のロングリスト・ショートリストの作成

提携先として、事業目的の要件を満たすような企業を探してリストアップします。「ロングリスト」は可能性のある企業をリストアップしたもので、「ショートリスト」はロングリストを精査し、実際にコンタクトしても良い企業まで絞ったものです。

ロングリストの作成であれば、先述の企業調査ツールやインターネットで自分で調べることができますし、自社の現地法人が調査することも可能でしょう。また、投資銀行や証券会社はそういったリストを作成しています。ただし**調査対象は上場会社といった大企業に限られる**ことが普通です。提携先候補企業が発展途上国の小さな会社であったりすると、当然、情報は少ないため自分で現地に出向いてヒヤリングを行なったり、現地のコンサルタントを使うこととなります。

③事業計画の策定

この企業提携は何らかの事業を立ち上げるために行なっています。企業提携をすれば、新しい販売チャネルが手に入るかもしれませんし、生産工場が手に入るのかもしれません。何にせよ提携によって創出される価値について、提携相手にも内部にも事業計画によって説明することが必要です。

事業計画により予算を持つ社内の経営層や外部の投資家は意思決定を行ないます。

事業計画を一言で言えば、「**なぜ儲かるか?**」**への回答**です。実際に投資ファンドの投資案件資料には「投資ハイライト」というページが最初にあり、「**どういう投資機会を捉えて、どう儲けるか**」が簡潔に書いてあります。

事業計画に必要な要素は次のようになります。まずはこの要素を埋めることによって詳細に検討すべき論点がわかります。

事業計画の要素

❶プロジェクト関係部署のチームメンバーの概要
❷ビジネスコンセプト
❸提携スキーム（出資方法や株式持分比率等を含む）
❹市場と事業機会
1　市場の定義
2　市場規模の推定
3　市場成長率の予測
4　顧客の概要
❺事業経済性
1　収益モデル
2　価格設定
3　事業のマイルストーン（いつまでにどれだけの顧客を獲得する予定か等）
❻市場参入戦略
1　販売チャネル
2　市場への訴求方法
❼競合

1　競合の概要
2　競合との差別化要因
❽競争優位性とリスク
1　自社の競争優位性は何か？（なぜ他社に勝てるのか？）
2　技術や特許
3　規制や参入障壁
4　想定される事業リスク
❾数値計画（財務モデル）
❿ファイナンス（資金調達方法）

数値計画とはエクセルを使って財務モデルを組むことです。エクセルで予想P／L（損益計算書）、予想B／S（バランスシート・貸借対照表）、予想キャッシュフローを作成します。

ビジネスの規模感は売上高＝顧客数×単価×購入頻度で表せますが、この売上高に影響を与える変数のことを「バリュードライバー」や「ドライバー」と言います。

P／Lの売上ドライバーを別シートで作成して、複数の顧客数や単価のパターンを作成することによって、どのパターンであれば実現可能性があるのかを検討します。ここでもモデルを見ながら数字で会話をすることが重要です。

数値計画をつくれば、どれくらいの資金が必要になるかもわかります。企業提携においては事業を実現するために企業同士がヒト・モノ・カネを提供するわけですが、事業規模、利益分配によって両社の拠出する資金が決定されます。

④リスク分析

どんなプロジェクトであれ、リスクは存在するものです。プロジェクトにおいて、リスクは恐れるものではなく、コントロールすべきものです。

分析の基本は「定義して、測定せよ」なので、デューデリジェンスによってプロジェクトで想定されるリスクを洗い出したら経済的に数値化します。

経営層はプロジェクトに対して「**最大でどれくらいやられるのか?**（最大損失）」を気にするものです。プロジェクトが万が一、水泡に帰した場合に何億円使って終わるのか? というのを答えられるようにします。

例えば海外で資本・業務提携を行なって製品を共同開発した場合、もしかしたら技術情報が提携先に流れてしまい、製品も完成せずに提携が解消されるかもしれません。もちろん契約上で秘密保持義務や競業避止義務を入れ込むのが通常ですが、そもそも法的安定性が期待できない国かもしれません。つまり、訴訟になっても勝てるかわからない、勝っても司法当局が強制的に差止めを行なってくれるかわからないということです。もちろん訴訟による弁護士等のコスト自体が見合わない場合もあります。

リスクは一つ一つ可能な限り定量化して、リスクヘッジが可能か検討します。企業提携におけるリスクへの対応は次の選択肢があります。

①リスクを許容する
②出資金額といった経済的価値に織り込む
③契約における表明保証と誓約等に盛り込む
④プロジェクトを中止する

基本的には契約においてリスクヘッジしていきますが、内部向けのプロジェクトの報告資料には、リスクの内容、経済的インパクト、リスクヘッジの内容がセットでMECEに記載されるようにします。リスクヘッジの内容は提携が合意されオペレーションが行なわれていくなかで実行可能な具体的なものにします。

⑤資本政策の策定

企業の提携には出資を含む資本・業務提携と、出資を含まない業務提携がありますが、業務提携の場合は提携する企業らの権利・義務の多い契約から一般的な取引と変わらない契約まであります。一方で出資が行なわれる資本・業務提携ではその出資比率にもよりますが、単なる業務提携より解消しにくい強度の高い提携となります。

資本・業務提携の際には出資、つまり企業の株式を動かす必要があります。こうした資本政策を策定することを銀行やM＆Aのバンカーといったファイナンシャルアドバイザーは、「ストラクチャリング」や「ファイナンスのアレンジ」や「オリジネーション」や「ファイナンス・スキーム」といった様々な呼び方をしますが、意味するところはだいたい一緒です。

資本政策の策定において非常に重要な点は、やはりプロジェクトの目的に立ち返って考えることです。目的を達成するために本当に出資は必要なのか？ 業務提携だけでいいのではないか？ という問いにはきちんと答えるべきです。

事業計画上、現金の注入が必要だとしても株式ではなく貸付（融資）でもいいかもしれません。提携の強度を上げるために、確かに株式の持ち合いは心理的な「本気度を見せる」効果があることは否定できません。しかし、何かあった時に提携解消がしにくくなる面があります。また出資比率だけを優先するのではなく事業計画に基づいた必要資金を注入しないと、現金が寝ることになり投資効率が落ちます。

事業の目的の大きな部分は収益でしょうから、業務提携によって生じたシナジーの果実である収益をどうやって分配するかが資本政策に影響します。具体的には、業務提携による共同事業があるならば、①コストと利益の配分は両社でどう行なうのか？②出資によって取得した株式は配当を行なうのか？③事業継続のための投資は収益で賄うのか？追加出資は必要なのか？を予め決めておく必要があります。突き詰めれば提携から生じる複数のキャッシュフローが提携のシナジーであると言えます。

資本提携は大きく次の3つに分けられます。

①一方的な出資
②両社の出資による株式の持ち合い

③両社の出資によるジョイントベンチャー（ＪＶ）の設立

こうした資本政策の策定はプロフェッショナルにとって腕の見せ所になりますが、海外であれば、スキームにおいて税務上のメリット・デメリットが必ずありますので、現地の税務弁護士や会計士ら専門家に相談します。

③のジョイントベンチャーを選択する際ですが、私の経験上、50：50という出資比率は避けるべきです。難しいビジネスほど、明確にどちらかが主導権を握り成功に固執すべきです。

⑥意向表明書（ＬＯＩ）の提出

意向表明書はＬＯＩ（Letter of Intent）と呼ばれ、提携や出資の依頼を公式に行なう時に相手先に提出する書面（レター）のことです。公式といっても、法的拘束力を持たない（Non-Binding）構成にすることが一般的です。

意向表明書とそれに類似した提案書の内容は、最初から提携の相手先にこちら側の依頼したい内容を記載する場合と、「将来的な提携を踏まえてディスカッションに入りたい」というレベルのものまで、内容には強弱があります。

一般的には国内でも海外でも、提携候補先にコンタクトを行ない、初回のミーティングでこちらの行ないたい提携の概要について口頭で話をします。そこで相手企業も関心があるようならば、秘密保持契約（ＮＤＡ＝Non-Disclosure Agreement、またはＣＡ＝Confidentiality Agreement）を締結し、意向表明書を提出して相手の正式な反応を待つというプロセスになります。あなたの手元に秘密保持契約書や意向表明書のひな形が無ければ、法務部や法律事務所から取得します。

秘密保持契約を結ぶ際に相手が他の会社と交渉しないようにするために、独占交渉権（Exclusive Right）をつける場合があります。独占交渉権の有効期間は3カ月程度がよくみられます。

このように提携候補先にコンタクトを行ない関心の有無を確認する際、自社の提携を模索する動きやその他の情報をまだ内密にしておきたい場合は、アドバイザーを雇って提携候補先にコンタクトさせ、社名を出さずに可能性を模索することもあります。

私もアドバイザーとしてクライアントに依頼され、社名を伏せた上でコンタクトすることをよく行なっていますが、世の中のＭ＆Ａバンカーは一方に「**御社と資本提携したい企業があります**」と伝え、もう一方に同じことを伝えて資本提携やＭ＆Ａをつくり出すのが普通です。

そういう意味では、あなたの会社が、「資本提携したい企業があります」と言われたとしても、相手企業が本当に言っているのか、仲介者が勝手に言っているのかの確認が必要です。これは日常生活で「あの人、あなたに気があるみたいよ」と言われても確認が必要なのと同様です。

提携候補先への最初のコンタクトは印象面で非常に重要であり、意向表明書は「ラブレター」だという人もいます。自社でコンタクトするにしても、アドバイザーを介してコンタクトするにしても、意向表明書の内容が適切であるのは当然のこと、コンタクトする人間のコミュニケーション力も必要になります。秘密保持契約の書面のやり取りはプロフェッショナルとして迅速かつ正確に行ないましょう。そうしたことが相手方との信用の積み重ねとなります。

⑦デューデリジェンス

デューデリジェンス（DD＝Due-Diligence、買収監査）とは資本・業務提携を行なう相手に対して、事業、財務、法務や環境といった観点から問題がないかどうかを調査するものです。一言でいえば、相手先企業が提携できるようなまともな企業かを調べることです。おもに、法的に正式に会社として成立していることや、会計上の不備がないかといった形式的な内容と、共同事業を一緒に遂行できるかという事業能力に関する大きな2つの側面からの調査となります。

通常のM&AではフルDDといった形で買収対象会社の詳細な調査を行ないますが、単なる業務提携や持分比率の少ない出資では簡易的なDDを行ないます。

簡易的なDDにおいても、会社概要、沿革、アニュアルレポート、過去5年分の財務諸表・税務申告書、役員経歴、組織図、関係会社一覧、主要取引先一覧、株主名簿、株式公開会社であればSECのような規制当局への提出資料、アナリストレポートを手に入れて会社の概要をつかみます。その上でプロジェクト上の重要項目について詳細に検討を行ないます。

参考までに、M&Aの場合、対象会社に関し次のような項目について初期的に分析・検討することとなります。

❶対象市場の定義と規模
❷産業構造
❸競合の時価総額や各種マルチプル（EV／EBITDA等）
❹競合の概要と事業構造
❺顧客分析
❻原価分析
❼コストカットの機会
❽他社ベンチマークによるベストプラクティスの機会
❾事業シナジーと成長機会

通常はDDには弁護士、会計士、コンサルタントといった外部プロフェッショナルを雇うため、費用がかかります。私もよくクライアントにDDにはどれくらいの費用をかけることが適切かと質問されますが、基本的には自社の取っているリスクに見合った金額をかけるべきです。絶対額として大きな出資をしているのであれば、それに見合ったDDが経営責任や株主への説明責任として必要でしょう。

海外の企業をDDする際に、日本の会計事務所や法律事務所を通して現地事務所をコントロールすべきかどうかですが、メリットは何か起こった時に日本の事務所に日本語でクレームが言えることで、デメリットとしては日本の弁護士等が現地で法的アドバイスが行なえず、ほとんど通訳の役割しか果たさなくても報酬が発生しコスト高になることです。

ＤＤはリスクを発見するために行なうものです。ＤＤの最も重要な部分は発見事項に対して、契約や物理的手段によって手当てができるかどうかを検討することです。日本や欧米先進国においては、ＤＤで何らかのリスクが発見されたとしても、契約においてクロージング（対価の支払い）までにその事項を治癒することを約束させたり、クロージング後の誓約事項（Post-Closing Covenants）で約束させたりすることができます。また、ＤＤで明らかになった事実についても契約の表明・保証（Representations and Warranties、通称レプワラ）によって、ＤＤ時点での財務諸表といったデータが真実かつ正確であることを保証してもらうことができます。

こうした誓約や表明・保証というものは、相手側の会社が契約を破ることがおそらくないこと、そして後に紛争になった時に裁判所や仲裁機関において法的に公平な判断が得られることを前提としています。法的環境が整備された国であれば、表明保証違反等は経済的価値に置き換えられ、補償請求を争うことも可能でしょう。

しかしながら発展途上国においての提携においてはかなり異なった意識を持つことが必要となります。

発展途上国のＤＤでは、

・日本や欧米先進国のようなシステマティックな洗練されたＤＤは望めない
・契約書や帳簿の不備が多い
・他社との利用許諾やライセンスの問題が多い
・環境問題や労務問題に日本の常識は通じない

といった点に留意する必要があるからです。

発展途上国の法的環境を一言で言うと、「法的予見性が低い」ということです。これは、たとえ法律が明文化されていても、違法状態の定義が不明確で行政側の判断が恣意的なため、急に許認可の取り消しを受けたり、実際に相手が契約上の内容について債務不履行になった場合にも誰も取り締まってくれない、つまり法や契約の束縛力が弱く、何か起きても強行性が弱いということです。

法的予見性が低い国での企業提携は、ネガティブリスト（禁止業種・規制業種リスト）や独禁法を確認し、先行事例をしっかり調査した上で、モノや土地や工場を目で見て確認できるまで支払いをしない等の契約に依存しない物理的なリスクヘッジを心がける必要があります。

⑧ タームシートの作成

意向表明書を提出すると、こちらの要望が提携先候補企業に伝わり、相手側からの要望も出てきます。お互いのスタンスが明確になってきたら両社が参加して提携検討のためのキックオフミーティングを開催します。ここから提携内容に関する議論を始め、タームシートの作成に入ります。タームシートは契約書作成の前段階において論点整理を行なうものです。その論点とは双方が提供するノウハウや出資比率といった提携のなかで合意形成が必要なものです。タームシートには論点と自社と相手側の主張を記載します。提携の交渉が進んで、各論点が決定されていくと、タームシートは契約書の内容に近づいていきます。タームシートの論点が大枠で合意され確定したところで、そこからは弁護士などを交えて契約書の作成に移ります。

実務的には、複雑な提携の交渉になればなるほど、タームシートは重要になってきます。提携内容についてMECEにタームシートを作成し、交渉の場でもタームシートの項目を一点一点確認しながら交渉することによって論点が漏れることを防ぎます。

海外において英語で交渉する際は、タームシートがあることで、口頭だけではなく書面で合意内容を確認することができます。また、最終契約を締結する前に重要な契約内容について合意ができた場合はそれを確認する意味で覚書（MOU＝Memorandum of Understanding）を結ぶことがあります。MOUを基本合意書と呼ぶこともあります。MOUは法的拘束力を持たない場合もありますが、それでも交渉においては相手方への心理的拘束力はありますし、議論を後戻りさせないためには有用です。

⑨交渉

「交渉」というものを大学などで正式にトレーニングを受けた人は少ないかもしれません。「交渉」は米国のMBAやロースクールといったプロフェッショナルスクールでは一般的な授業です。私も米国のロースクールで「交渉（Negotiation）」の授業を取って学びました。海外でのビジネスの交渉相手が基本的スキルとして、体系的な交渉の知識を持っていることもあります。

ここでは交渉の基本的な概念について解説します。

はじめに「交渉」について定義します。交渉とは交渉参加者の「**相対的利益の交換**」であると言えます。その目的は交渉参加者の合意形成(Consensus Building)です。交渉参加者は個々に異なった利益を追求しており、各交渉参加者の利益追求が他者と調整された結果として合意形成されます。これは「落としどころ」が見つかることと同義です。

実際の交渉では、交渉参加者は全員が異なった利益を追求しているという前提に立ち、**交渉の前にはその相対的な利益を理解することが必要**です。これは自分の属する組織の内外を問いません。あなたの社内には経営企画部の進める海外提携を中止してほしいと思う事業部があるかもしれませんし、そういった抵抗勢力が内部にいるのはよくあることです。

交渉のタイプとしては、ビジネスにおいて、一方が得すると一方が必ず損をするような完全なゼロサムゲームはほとんど存在しません。ビジネスでは確定したパイを分け合う交渉(Distributive Bargaining)か、交渉参加者がどこかの条件で協力することによって、新たな統合的な価値を生み出し、互いの価値を最大化する統合型交渉(Integrative Bargaining)の2つのタイプがあります。

統合型交渉のコンセプトは「**交渉参加者にとって客観的な基準により、新しい条件をつくり出し、価値を分配せよ**」というものです。既存の条件で交渉参加者が合意できないのであれば、交渉参加者全員が協力可能な新しい条件と価値を創り出し、そこで合意しようというのです。

それでは交渉に入る前に次のことを確認していきましょう。

1. 交渉参加者
2. 意思決定者
3. 交渉期限

交渉参加者は自明かもしれませんが、大きな組織で複数の人間が交渉に関わっていると思わぬ横槍が入るものですし、意思決定者が想定していた人物と異なる場合もあります。提携交渉をしていても、取引先銀行がそのリスクに対し難色を示し、プロジェクトが中止になるかもしれません。その場合は銀行が交渉参加者であり意思決定者であったと考えられます。

交渉期限は極めて重要です。通常は交渉期限がある、または期限が短いほうが不利になります。相手側にとって期限ある交渉なのかどうかを探りましょう。

自分の利益を最大化し、相手との合意形成を行なうことが交渉の成功だといえます。

成功する交渉には次の要素が存在します。

1. BATNA(Best Alternative To a Negotiated Agreement)が存在する
2. ZOPA(Zone of Possible Agreement)が把握できている
3. アンカリング(Anchoring)で主導権を握っている

BATNA(バトナと呼びます)とは「**相手側から提示された条件以外で最も望ましい代替案**」の意味になります。

例えば、あなたは店舗Aで商品を5000円で買おうとした際に、実は同じ商品が店舗Bでは4000円で売られていることを知っており、もしも店舗Aで値下げに応じてもらえないのであれば店舗Aを立ち去り、店舗Bで買うという代替案を選択できる状況のことを指します。つまり「条件を呑んでくれないなら、他にいきます」という状況がBATNAです。

BATNAとZOPAの関係図

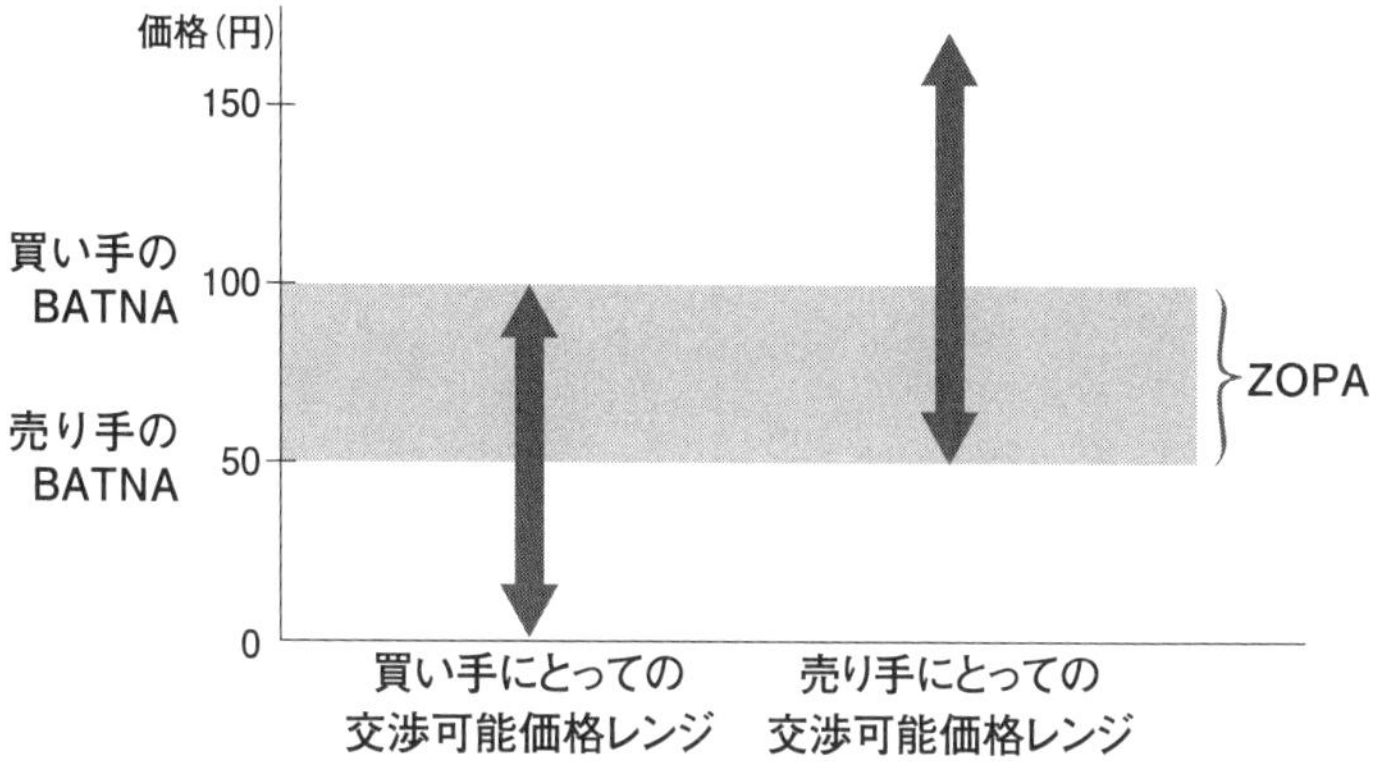

交渉に強い人間は、ＢＡＴＮＡのない交渉には参加しません。もちろん自分のＢＡＴＮＡを相手に知られてはいけませんし、相手のＢＡＴＮＡを探るべきです。交渉におけるポジション（立場）は自分がより強力なＢＡＴＮＡを持ち、相手のＢＡＴＮＡを把握し、弱体化させることで強くすることができます。

もう一つ重要な交渉の概念にＺＯＰＡ（ゾーパと呼びます）があります。ＺＯＰＡは二者間の合意可能領域のことを指します。ＺＯＰＡが存在すれば合意可能性があり、ＺＯＰＡが広ければ広いほど二者の合意可能性は高まります。

例えば商品の売買において、上の図のように売り手のＢＡＴＮＡが50円、買い手のＢＡＴＮＡが１００円だとすると、ＺＯＰＡは50円から１００円の間となり、この間であれば論理的には合意が可能だと考えられます。ＺＯＰＡは自分側の最大譲歩可能性と相手側の最大譲歩可能性によって決定されます。

ここで示したＺＯＰＡは論点が価格のみと単純ですが、実際の交渉では複数の論点についてパレート最適を達成するまで交渉することになります。

パレート最適とは、経済学において２人の個人の２種類の財の存在を前提に置き、財を分配していった際に、１人の効用がもう１人の効用を下げなければ上げることのできない状態、すなわち２人の効用の最大化が達成されている状態のことを指します。

交渉においてどちらから最初に条件を提示すべきかは大きな論点です。特にビジネス上の取引においてどちらから初めに価格を伝えるかは悩むところでしょう。

通常の交渉においては自分のポジションが強い場合は最初に価格提示すべきです。この最初の提示条件をアンカリング(Anchoring)と言います。アンカリングは、例えば最初に売り手が５０００円で条件提示した場合に、価格はその近辺に固定されるという心理状態を示すコンセプトです。アンカーとは「碇」の意味です。

交渉に臨む際には、周囲への説明のためにもイシューツリーを使って交渉のシナリオをシミュレーションしておきましょう。その際にも相手側と自分側のＢＡＴＮＡ、ＺＯＰＡを理解し、その交渉の論点について何が所与で何が変数かを理解しておく必要があります。こうした論点はタームシートに記載されるものと同様です。

⑩最終契約

いよいよタームシート上の論点が合意されてくると、その内容は最終契約書（ＤＡ＝Definitive Agreement）にまとめられることになります。企業提携におけるＤＡには株式を取得するための株式譲渡契約（ＳＰＡ＝Share Purchase Agreement）や株式引受契約（ＳＳＡ＝Share Subscription Agreement）や投資条件を確約するための株主間契約（ＳＨＡ＝Shareholders' Agreement）があります。論点が合意されたので、あとは契約書に移すだけだと思うかもしれませんが、契約書では表現方法や「書きぶり」に関して調整や駆け引きが行なわれることになります。例えば日本語で言えば「故意又は重大な過失」と「故意または過失」や、英語ならwouldとcouldの違いについて調整を重ねていくことになります。

また、尽力の上に提携が成立したとしてもいつか提携が解消されるかもしれません。

そのため何をもって提携の終了事由とするか、提携解消時の資産の分配や権利義務についてできる限り契約に盛り込みたいところです。

無事に契約書の内容が確定すると、契約日が決定されます。契約締結には取締役会決議といった機関決定が必要となりますので、提携する両社が機関決定可能な日を踏まえて契約日が決定されます。契約締結のことをデリバリーと呼び、契約日の当日は必要書類がすべて揃っているかなど、ロジ周りにミスのないよう細心の注意を払います。

契約が締結されれば全て完了かといえばそういうわけではありません。資本・業務提携契約であれば出資に伴う送金が必要となりますが、この送金はクロージング日といって契約日の後に行なわれます。契約書にはクロージング条件（Conditions Precedent）というものがあり、クロージング当日までに機関決定がなされることや、規制当局の承認等を得ることなどが記載されます。契約書には「クロージングまでに以下の各条件のすべてが充足されていることを前提とする」と書かれ、列挙された条件の充足を確認し、クロージングつまり株式譲渡対価等の支払いとなります。

一般的に条件が充足されない場合はクロージングまでの期間で契約解除されます。海外では解除の際に想定取引金額の1～5％程度をブレークアップ・フィーとして解除を行なった側が相手に金銭を払う規定が設けられることがあります。

⑪立ち上げからオペレーションのモニタリングまで

提携契約の締結後は事業が軌道に乗るまでの立ち上げに邁進するわけですが、文化の異なる企業が共同で事業を行なうこと自体が非常にハードルの高いものです。特に重要なのは提携から3カ月間のいわゆる「100日プラン」と呼ばれる期間です。この期間は事業目的とそれを達成するための事業計画を参照しながら、両社で定例会議を開き、情報の共有を密にします。海外企業との提携であれば、必ず現地に常駐者を置きミスコミュニケーションが起きないように注意を払います。

また、これはM&Aの場合でもそうですが、提携後のプロジェクトメンバーには引き続き提携交渉を担当した人間が入るべきです。密に交渉を行なった後の提携であれば、その段階で相手側から最も信頼を得ているのは交渉担当者です。そして提携の事業内容や各条件も最も良く理解しているはずです。くれぐれも、その人間が「後は任せた」といなくなるのではなく、交渉後は事業にコミットすることが事業の成功率を格段に上げます。

日本の大企業ですと、提携の交渉・契約は経営企画部がメインで行ない、提携後は事業部にプロジェクトが任されることも多いものですが、これはインセンティブ設計の見地から問題があることも多いものです。経営企画部は若干の無理をしてでも自分達の仕事である企業提携を契約締結に持っていこうとし、その後の事業の成否（儲け）は事業部の責任という図式です。この場合は経営企画部と事業部が一体となって、提携契約を詰めることが必要であり、「提携はできたけれども、事業部側が聞いていないような不利な条件が入っていた」という状況を避けるべきです。

私の経験上、中長期にわたる提携であればプロジェクトの実務的な遅れがあったとしても、両社のミスコミュニケーションを減らす**「文化の摺り合せ」に優先して時間を使う**ことが、最終的に提携を成功に導くことになると考えます。

文化の摺り合せとは、相手に迎合することではなく、提携相手と自社のコミュニケーションスタイルは何が一番良いのかを試行錯誤することです。予算の数値目標のように、どの国でも変わりなく握ることのできるものは重要です。現場で、「あなたはこの数値を達成することを約束する、了解ですね？」というシンプルなコミュニケーションで済みます。

組み合わせてビジネスをつくり出せ

ここまで資本・業務提携の実務プロセスを概観してきました。いかがだったでしょうか。

現在のビジネスにおいては、いかに世の中のモノやヒト（会社）を組み合わせて新しい価値を創り出すかが成否を握っています。

例えば素晴らしい技術をもったものづくりの会社があったとしても、その技術単独では製品化が難しいものです。その技術の周りには他の様々な技術や知財があるため、製品をつくり出すには知財をライセンスしてもらったり、どこかの企業と提携して製品開発・生産をすることになります。これもまた組み合わせです。

現在のビジネスの潮流としても、組み合わせの時代が来ています。モノをつくって売るだけというビジネスから、モノを介したサービスによって収益を得るケースが多くなっているのです。広い意味でサービス業でない業態はないとも言えます。特に、ＩＯＴ（Internet of Things、モノのインターネット）と呼ばれる分野では様々な製品がインターネットに接続され、各企業がサービス開発のために、モノを介して大量のデータを収集するか、高度なデータ解析アルゴリズムを開発するかで競争しています。これはモノとデータとサービスの組み合わせによる新規事業だと考えられます。

先述のように資本・業務提携には、事業、会計財務、ファイナンス、法務、交渉、語学といった要素が詰まっています。そして何よりもあなたがプロジェクト責任者であれば、社内外を説得し巻き込んでいく必要があります。

よく「アイディアは良かったんだけど政治的な動きが下手で、このプロジェクトは進まなかった」という話を聞きますが、**政治的な動きこそがプロジェクト責任者の仕事**です。そして実現しなかったアイディアに意味はありません。あなたやプロジェクトに関わった人たちの高い時間を使うのであれば、アイディアは必ず、実現しましょう。

おわりに

　ここまでお読みいただき本当に有難うございました。本書は私が新人社員によく聞かれる「プロとして生きていくために、どこまで何を知っていたらいいのでしょうか？」という問いに対する回答として執筆いたしました。
　私自身が40歳を前にして、その問いに対しての自分なりの考えをまとめておきたかったということもありました。本書の内容は非常に基礎的なことが多いですが、世界に出るビジネスパーソンとして最低限知っておいたほうがいいと思うことをまとめました。ビジネスを軸にしたInterdisciplinaryな軽い読み物です。未来ある読者の方にとってこの雑駁な内容が少しでも意味があればと切に願います。

　本書が出版される２０１５年からちょうど10年前の２００５年、私が関わった案件にライブドアによるフジサンケイグループのニッポン放送買収がありました。その頃、私はまだ20代でした。当時はテレビとインターネットがコンテンツにおいて融合していくことはないと言っていた人達もいましたが、今ではスマートフォンでネットを介してテレビ局のコンテンツを見ることは当たり前になりました。そういえば10年前にはｉＰｈｏｎｅも存在せず、Ｆａｃｅｂｏｏｋも一般公開前でした。たった10年の間にいろいろなことがあったような気がします。グローバルではいわゆるリーマンショック、日本ではＪＡＬの破綻や東日本大震災などです。

これからもみなさんの前にはきっといろいろなことが起こることでしょう。困難なこともあることでしょう。そんな時でも自分に「考えろ、考えろ、深く考えろ」と言い聞かせ、真面目に一生懸命に困難を乗り越えていっていただければと願っています。

本書の最後にお伝えしたいのは、知識も覚悟も事を成すには必要だということです。私はたまたま平和な先進国の日本に生まれて、たまたま教育を受ける機会に恵まれて、たまたま運よく、今の時代をなんとか生きていると思っています。ビジネスにおいても何度も失敗し、「あいつも終わったな」と言われながらも、一方で助けてくださった方々のおかげで私はどうにかやってこれました。

世界には多くの困難があり、教育を受けたいと言っただけで撃たれる子供達もいます。女性であるために学校に行けない人もいます。日本でさえ、経済的な事情で教育を受けられない子供達がいます。厚労省の国民生活調査によれば２０１２年の17歳以下の子供の貧困率は16％でした。「貧困」の定義は２０１２年の場合は親の所得が１２２万円未満となっています。本来的には子供達は将来の国を担う人材であり、未来の納税者です。経済的な事情から子供たちが教育面で差別されるべきではありません。子供に不寛容で教育をないがしろにする社会は、必ず不安定になっていきます。私達の社会全体で子供達を育て、子供達が働いていける環境を提供すべきです。

私は勉強が苦手で劣等生でしたが、たまたま両親が教育にお金をかけてくれました。貧困にあえぐ子供達と私を分けたのは実力でも何でもありません、ただの運です。両親に感謝していますし、両親の海外駐在のために早くから日本の外を見ることが出来たことにも感謝しています。それもひとえにただ運が良かったのだと思います。

私はこの運を少しでもビジネスを通じて社会的課題の解決に使いたいと思っています。そのためには私は知識も覚悟も必要だと信じています。この課題の多い社会において、ポピュリズムに惑わされずに生きるには、強い者が正しいか正しい者が強いか以外に救いがないと考えているのです。

本書が、課題解決に立ち向かう鬼手仏心のプロフェッショナルを目指す方々の力に少しでもなることを心から願っています。お互いに地道に真面目にがんばりましょう。

私も「プロ受けするプロ」になるためにこれからもがんばります。

日本はこれまでに素晴らしい工業製品を海外に送り出してきたと思いますが、これからは世界中で「社会課題を解決する戦略を描ける高度知識人材を採用するなら日本からだよね」と言われるようになってほしいです。


本書は勤務先である経営共創基盤（ＩＧＰＩ）ＣＥＯの冨山和彦氏の言動、著書に大きなインスピレーションを受けて執筆しています。この場を借りて御礼を申し上げます。また本書の執筆にあたって新國信一氏（ＩＧＰＩ、ケンブリッジ大学ＭＢＡ留学中）、宮下和昌氏（ＩＧＰＩ、弁護士）、河野秀治氏（元ＩＧＰＩ、ＩＣＯＮＩＱＵＥ　ＧＲＯＵＰ株式会社　ＣＥＯ）、重光一輝氏（元ＩＧＰＩ、シリコンバレーで起業）より有意義なアドバイスをいただきました。ここに御礼を申し上げます。

また、前著に引き続き本書をご担当いただいたＫＡＤＯＫＡＷＡ中経出版ＢＣの早野龍輝さんのご尽力に御礼を申し上げます。

本書はいつも応援いただいているクライアント、ＩＧＰＩの同僚の方々、友人、そして家族の力添えなくしては世の中に出なかったと思います。皆様、本当に有難うございました。

参考文献と推薦図書

『日本—その姿と心』 日鉄住金総研株式会社　学生社
『日本思想全史』 清水 正之　ちくま新書
『最新　世界情勢地図』 パスカル・ボニファス他　ディスカヴァー・トゥエンティワン
『カイシャ維新　変革期の資本主義の教科書』 冨山 和彦　朝日新聞出版
『新訳 君主論』 ニッコロ マキアヴェリ　中公文庫BIBLIO
『マンキュー経済学　ミクロ編、マクロ編』 N．グレゴリー・マンキュー　東洋経済新報社
『経済学に何ができるか - 文明社会の制度的枠組み』 猪木 武徳　中公新書
『数字で考える技術 ビジネスモデリング入門』 岡崎 京介、小林 康夫　TAC出版
『図解 財務３表のつながりでわかる会計の基本』 國貞 克則　ダイヤモンド社
『コーポレートファイナンス』 リチャード・ブリーリー他　日経BP社
『ＭＢＡバリュエーション』 森生 明　日経ＢＰ社
『テキストブック資本市場』 足立 光生　東洋経済新報社
『要点解説　90分でわかる！ビジネスマンのための「世界の宗教」超入門』 井上 順孝　東洋経済新報社
『法律学講座双書　法学入門』 三ケ月 章　弘文堂
『条文の読み方』 法制執務用語研究会　有斐閣
『民法総則 第３版（伊藤真試験対策講座１）』 伊藤 真　弘文堂
『会社法 第２版（伊藤真試験対策講座９）』 伊藤 真　弘文堂
『シチュエーション別 提携契約の実務』 淵邊 善彦　商事法務
『sushi & beyond: What the Japanese know about Cooking』 MICHAEL BOOTH VINTAGE
『Think! WINTER 2015 No.52』 東洋経済新報社　「交渉は『心の強さ』が9割」（著者）

〔著者紹介〕

塩野　誠（しおの　まこと）

株式会社 経営共創基盤（IGPI）取締役マネージングディレクター・パートナー（共同出資者）。IGPIシンガポール CEO。

国内・海外にて企業・政府機関に対して戦略立案・実行のアドバイスを行ない、レポートのみのコンサルティングに留まらない実行までのサポートを提供。また、企業投資も精力的に行なっている。クライアントの本質的な目的達成の為にあらゆるテーマに取り組み、事業開発、企業提携やM&A、企業危機管理の実績を数多く有する。

シティバンク、ゴールドマン・サックス、起業、ベイン&カンパニー、ライブドア等を経て現職。政府系実証事業採択審査委員、人工知能学会倫理委員会委員等を務める。

慶応義塾大学法学部卒、ワシントン大学ロースクール法学修士。

世界で活躍する人は、
どんな戦略思考をしているのか?

（検印省略）

2015年３月19日　第１刷発行

著　者　塩野　誠（しおの　まこと）
発行者　川金　正法

発行所　株式会社KADOKAWA
〒102-8177　東京都千代田区富士見2-13-3
03-5216-8506（営業）
http://www.kadokawa.co.jp
編　集　中経出版
〒102-0071　東京都千代田区富士見1-8-19
03-3262-2124（編集）
http://www.chukei.co.jp

落丁・乱丁本はご面倒でも、下記KADOKAWA読者係にお送りください。

送料は小社負担でお取り替えいたします。

古書店で購入したものについては、お取り替えできません。

電話049-259-1100（9：00～17：00／土日、祝日、年末年始を除く）

〒354-0041　埼玉県入間郡三芳町藤久保550-1

DTP／ニッタプリントサービス　印刷／シナノ　製本／越後堂製本

ISBN978-4-04-600925-8　C2034